Contra os acadêmicos

Coleção Textos Filosóficos

- *O ser e o nada* – Ensaio de ontologia fenomenológica
  Jean-Paul Sartre
- *O princípio vida* – Fundamentos para uma biologia filosófica
  Hans Jonas
- *Sobre a potencialidade da alma* – De Quantitate Animae
  Santo Agostinho
- *No fundo das aparências*
  Michel Maffesoli
- *Elogio da razão sensível*
  Michel Maffesoli
- *Entre nós* – Ensaios sobre a alteridade
  Emmanuel Lévinas
- *O ente e a essência*
  Tomás de Aquino
- *Immanuel Kant* – Textos seletos
  Immanuel Kant
- *Seis estudos sobre "Ser e tempo"*
  Ernildo Stein
- *O caráter oculto da saúde*
  Hans-Georg Gadamer
- *Humanismo do outro homem*
  Emmanuel Lévinas
- *O acaso e a necessidade* – Ensaio sobre a filosofia natural da biologia moderna
  Jacques Monod
- *O que é isto – a filosofia?* – Identidade e diferença
  Martin Heidegger
- *A essência do cristianismo*
  Ludwig Feuerbach
- *Ensaios de Francis Bacon*
  Francis Bacon
- *Metafísica de Aristóteles Θ 1-3* – Sobre a essência e a realidade da força
  Martin Heidegger
- *Oposicionalidade* – O elemento hermenêutico e a filosofia
  Günter Figal
- *Assim falava Zaratustra*
  Friedrich Nietzsche
- *Hermenêutica em retrospectiva – Vol. I:* Heidegger em retrospectiva
  Hans-Georg Gadamer
- *Hermenêutica em retrospectiva – Vol. II:* A virada hermenêutica
  Hans-Georg Gadamer
- *Hermenêutica em retrospectiva – Vol. III:* Hermenêutica e a filosofia prática
  Hans-Georg Gadamer
- *Hermenêutica em retrospectiva – Vol. IV:* A posição da filosofia na sociedade
  Hans-Georg Gadamer
- *Hermenêutica em retrospectiva – Vol. V:* Encontros filosóficos
  Hans-Georg Gadamer
- *Aurora* – Reflexões sobre os preconceitos morais
  Friedrich Nietzsche
- *Migalhas filosóficas ou um bocadinho de filosofia de João Clímacus*
  Søren Kierkegaard
- *Sobre a reprodução*
  Louis Althusser
- *De Deus que vem à ideia*
  Emmanuel Lévinas
- *Discurso sobre o método*
  René Descartes
- *Estudos de moral moderna*
  Karl-Otto Apel
- *Hermenêutica e ideologias*
  Paul Ricoeur
- *Outramente – Leitura do livro* Autrement qu'être ou au-delà de l'essence, *de Emmanuel Lévinas*
  Paul Ricoeur
- *Marcas do caminho*
  Martin Heidegger
- *Lições sobre ética*
  Ernst Tugendhat
- *Além do bem e do mal – Prelúdio de uma filosofia do futuro*
  Friedrich Nietzsche
- *A lógica das ciências sociais*
  Jürgen Habermas
- *Hermenêutica em retrospectiva – Vol. único*
  Hans-Georg Gadamer
- *Na escola da fenomenologia*
  Paul Ricoeur
- *Preleções sobre a essência da religião*
  Ludwig Feuerbach
- *História da filosofia, de Tomás de Aquino a Kant*
  Martin Heidegger
- *A genealogia da moral*
  Friedrich Nietzsche
- *Meditação*
  Martin Heidegger
- *O existencialismo é um humanismo*
  Jean-Paul Sartre
- *Matéria, espírito e criação* – Dados cosmológicos e conjecturas cosmogônicas
  Hans Jonas
- *Vontade de potência*
  Friedrich Nietzsche
- *Escritos políticos de Santo Tomás de Aquino*
  Santo Tomás de Aquino
- *Interpretações fenomenológicas sobre Aristóteles* – Introdução à pesquisa fenomenológica
  Martin Heidegger
- *Hegel – Husserl – Heidegger*
  Hans-Georg Gadamer
- *Os problemas fundamentais da fenomenologia*
  Martin Heidegger
- *Ontologia (Hermenêutica da faticidade)*
  Martin Heidegger
- *Ética a Nicômaco*
  Aristóteles
- *Metafísica*
  Aristóteles
- *A transcendência do Ego* – Esboço de uma descrição fenomenológica
  Jean-Paul Sartre
- *Sobre a vida feliz*
  Santo Agostinho
- *Contra os acadêmicos*
  Santo Agostinho

Santo Agostinho

Contra os acadêmicos

Tradução de Enio Paulo Giachini

Petrópolis

Título do original latino: *Contra academicos*
Editado por CSEL, vol. 63 Augustinus. *Contra academicos, De beata vita, De ordine*
P. Knöll, 1922.

© desta tradução:
2014, Editora Vozes Ltda.
Rua Frei Luís, 100
25689-900 Petrópolis, RJ
Internet: http://www.vozes.com.br
Brasil

Todos os direitos reservados. Nenhuma parte desta obra poderá ser reproduzida ou transmitida por qualquer forma e/ou quaisquer meios (eletrônico ou mecânico, incluindo fotocópia e gravação) ou arquivada em qualquer sistema ou banco de dados sem permissão escrita da editora.

Diretor editorial
Frei Antônio Moser

Editores
Aline dos Santos Carneiro
José Maria da Silva
Lídio Peretti
Marilac Loraine Oleniki

Secretário executivo
João Batista Kreuch

Editoração: Maria da Conceição B. de Sousa
Diagramação: Sheilandre Desenv. Gráfico
Capa: André Esch

ISBN 978-85-326-4800-6

Dados Internacionais de Catalogação na Publicação (CIP)
(Câmara Brasileira do Livro, SP, Brasil)

Agostinho, Santo, bispo de Hipona, 354-430
Contra os acadêmicos / Santo Agostinho ;
tradução de Enio Paulo Giachini. – Petrópolis,
RJ : Vozes, 2014. – (Coleção Textos Filosóficos)

Título original: Contra academicos
ISBN 978-85-326-4800-6

1. Filosofia e religião 2. Padres da Igreja
primitiva I. Título. II. Série.

14-03692 CDD-189.2.

Índices para catálogo sistemático:
1. Agostinho, Santo : Filosofia e religião :
Filosofia patrística   189.2

Editado conforme o novo acordo ortográfico.

Este livro foi composto e impresso pela Editora Vozes Ltda.

Sumário

Livro Primeiro – Licêncio E Trigésio Discutem A Respeito Do Estudo Da Sabedoria, 13

Romaniano é exortado ao estudo da sabedoria (1,1-4), 13

O que conferem a sorte e a providência ao homem apto para a virtude, 13

Se as coisas favoráveis colaboram para o estudo da sabedoria, 14

Se as adversidades nos conduzem à sabedoria, 15

O que os levou à discussão, 16

Qual a questão tratada aqui (2,5-6), 17

Sobre o que tratam as questões a serem demonstradas e confirmadas, 17

Se nos tornamos sábios apenas por meio da perquirição ou pela aquisição da verdade, 18

Se a sabedoria consiste em inquirir a verdade (3,7-5,15), 19

a) A busca perfeita (3,7-9), 19

Recurso à autoridade de Cícero, 19

Buscando discernir a autoridade de Cícero, 20

Se o perfeito inquirir atinge seu objetivo, 21

b) O estudo da sabedoria nos previne contra o erro (4,10-12), 22

Se erra aquele que atinge o fim, 22

Se não erra quem não aprova o que é falso, 23

Se alguém poderá alcançar a vida feliz apenas através do inquirir, 24

c) *Se a sabedoria é certa razão inquiridora (5,13-15)*, 25

Se a sabedoria é o correto caminho da vida, 25

A sabedoria é a razão correta do inquirir, 26

Deve-se aprovar a sabedoria, mesmo que cada um a veja a seu modo, 27

A sabedoria é a ciência de que coisas? (6, 8, 23), 28

Ciência das coisas humanas e divinas, 28

Se a adivinhação pertence à sabedoria, 28

O que dizer do adivinho Albicério?, 29

A ciência implica a aprovação, 30

A adivinhação não pertence à sabedoria, 30

A adivinhação é atribuída a certos animais aéreos, 31

Quais seriam as coisas verdadeiramente humanas e divinas, 32

Se a sabedoria é igual à ciência e à inquirição, 33

Recapitulação das afirmações (9,24-25), 34

Agostinho explicita toda a disputa com poucas palavras, 34

Elogio aos que discutiram, 35

Livro Segundo – Alípio Discursou Sobre As Coisas Que Agradam Aos Acadêmicos, 37

Romaniano é exortado novamente à sabedoria (1,1-3,9), 37

O entorpecimento e a indolência tornaram as armas dos acadêmicos invencíveis, 37

Romaniano com sua capacidade para a virtude, 38

Atitude de liberalidade de Romaniano para com Agostinho, 39

Romaniano, servo de Deus, 40

Leitura dos livros dos platônicos e de Paulo, 40

As virtudes dos antigos são adornadas com certo resplendor, 41

Se o amor à beleza corpórea conduz para a sabedoria, 42

Se não tens esperança ou julgas antecipadamente criarás empecilhos para que encontres a verdade, 43

Não encontras a não ser que procures retamente, 44

Quais são as coisas que agradam aos novos acadêmicos, 44

    Quais são as coisas que Licêncio e Trigésio já haviam esclarecido, 44

    Aos acadêmicos não agrada dar assentimento a nada, 46

    Agrada aos acadêmicos a tese de que se pode empreender qualquer coisa se se deduzir ser provável, 47

    Alípio é exortado a expor as origens da nova academia, 47

    Arquesilas fundou a academia média, 48

    Foi Antíoco de Ascalona quem introduziu a cisão na academia, 49

Inquire-se o que seja o verossímil e o provável (7,16-13,30), 50

    Licêncio tem noção de que não deve defender os acadêmicos..., 50

    Deleita-se nos espetáculos..., 50

    ...é moderado por Agostinho, 51

Se alguém que não conhece uma pessoa conhece aquele que lhe é semelhante, 52

Não concluirás sobre o verossímil se ignoras o verdadeiro, 53

Alípio dá início ao diálogo, 54

Esse problema não é questão de palavras, mas de vida, 54

Cada um vê o provável diversamente, 55

O que é que os acadêmicos gostam de chamar de provável, 56

Se, a partir do provável, visto pelos acadêmicos..., 57

...se pode dar início ao estudo da sabedoria, 58

Licêncio deserda dos acadêmicos..., 59

...não tem noção da questão, 59

Alípio, que ainda luta em favor dos acadêmicos..., 60

...percebe que se trata da origem da sabedoria, 61

Livro Terceiro – Agostinho Discute Se É Necessário O Assentimento À Sabedoria, 63

O sábio não teme a sorte (1,1-2,4), 63

Recapitulação do que se disse precedentemente, 63

O que a fortuna proporciona às necessidades da vida, 64

O sábio despreza a fortuna vivendo, 64

...e morrendo, 65

O sábio assente à sabedoria (3,5-6,13), 66

O que importa para o sábio é conhecer a sabedoria, 66

É necessário que o sábio consinta que conhece a sabedoria, 67

Licêncio quer beber da Fonte Ipocrene, 69

A diferença entre saber e ter opinião que sabe, 69

É preciso que o sábio consinta crer ter ciência do saber, 70

Seja que o sábio tem ciência dele ou que ele simplesmente creia ter ciência, a sabedoria é alguma coisa, 72

Se em cada coisa que se vê atingimos a verdade pela indicação de um poder numinoso, 72

É necessário que o sábio assinta à verdade, 73

O que achamos e o que cremos, 74

Se o verdadeiro pode ser compreendido (7,14-9,21), 75

Aos que se dedicam à análise das partes da sabedoria..., 75

...é mais importante o ensino do que as perguntas, 76

Uma citação de Cícero sobre o sábio acadêmico, 76

No fórum dos sábios, Agostinho, defendendo Cícero, acusa os acadêmicos de buscar a glória vã, 78

Os acadêmicos contendem contra a definição de Zenão sobre o verdadeiro, 79

Uma das duas coisas: ou não é busca de sabedoria ou é sabedoria, 80

Os homens não devem ser afastados da busca da sabedoria, 80

Discussão contra Arcesilas: ou se pode compreender o verdadeiro, ou então não há sabedoria, 81

Se percebemos de verdade alguma coisa (10,22-13,29), 82

Se Carnéades, cochilante, defende que nada se pode perceber, 82

Algumas contradições sobre o mundo que são verdadeiras, 84

Se os sentidos corporais podem enganar-se em relação ao mundo, os sentidos da alma não podem se enganar, 85

Se a ideia dos números pode ser percebida, 85

O sentido do espírito não se engana sobre qualquer forma do corpo, 87

Cada um dos costumes que são chamados de disjuntivos contraditórios são verdadeiros, 88

Mesmo que os sentidos do corpo possam se enganar ao agir, os sentidos do espírito não se enganam, 89

Se as coisas compreendidas pela dialética podem ser percebidas, 89

Se é necessário que aprovemos alguma coisa ou demos nosso assentimento a alguma coisa (14,30-17,37), 91

Quando se vê com sabedoria é necessário assentir, 91

Se o sábio não pode aprovar a sabedoria, 92

Quem percebe aprova, 93

Quem nada aprova nada empreende, 94

Quem não incide em erro conta mentiras, 94

Quem erra peca, 96

Seguindo sua própria opinião não há necessidade de precaver-se do pecado, 98

Se os acadêmicos guardaram os preceitos de Platão em favor dos mistérios (17,37-19,41), 99

A quem Platão prestou ouvidos e o que ele tomou dos antigos, 99

Polemon e Arcesilas guardaram os ensinamentos mistéricos contra o Zenão platônico, 100

Também Carnéades atuou contra Crísipo, 101

Carnéades ensinou que se pode agir quando se dispõe do verossímil e do provável, 101

Por último, o próprio Cícero atuou contra Antíoco, 102

O que confere pelo menos razão de autoridade à sabedoria (19,42-20,43), 103

Que filósofos têm aparecido e o que têm ensinado, 103

Qual é a experiência de Agostinho sobre a autoridade dos sábios e de Cristo, 104

Que tipo de apêndice se apresenta (20,44-45), 105

Alípio submete-se a Agostinho, louvando-o, 105

Os ouvintes desejam ouvir mais, 106

LIVRO PRIMEIRO
LICÊNCIO E TRIGÉSIO DISCUTEM A RESPEITO DO ESTUDO DA SABEDORIA

Romaniano é exortado ao estudo da sabedoria (1,1-4)
O que conferem a sorte e a providência ao homem apto para a virtude

1.1 Queira Deus, ó Romaniano, que a virtude possa arrebatar da fortuna contrária o homem apto, assim como, de seu lado, ela não tolera ser arrebatada por ninguém! Certamente já teria lançado as mãos sobre ti, anunciando pertencer-lhes de direito e, levando-te à possessão dos mais seguros bens, não te permitiria permanecer escravo, mesmo gozando de prosperidade.

Mas, seja por nossos méritos ou por necessidade natural, as coisas foram dispostas de tal modo que o porto da sabedoria de modo algum acolha o ânimo divino inerente aos mortais, onde o ânimo não seria movido pelos ventos adversos nem pelos ventos propícios da fortuna, a não ser que fosse forçado por essa mesma fortuna, enquanto propícia ou enquanto de certo modo adversa. Nada nos resta desejar a ti, então, senão fazer votos que e, na medida de nossas forças, pedirmos a Deus, que nos é providente, que te reconduza de volta a ti mesmo. Desse modo, também estará devolvendo-te a nós! Pedimos que Ele permita que a tua mente, que já há muito busca respirar melhores ares, por vezes possa emergir para a atmosfera da verdadeira liberdade. Isso porque, é bem provável que aquilo que vulgarmente se chama de fortuna seja regido por certa ordem oculta. O que nas coisas chamamos de *acaso* nada mais é que algo cuja razão e causa é secreta; e nada de conveniente ou de inconveniente acontece à parte que não diga respeito e não atinja também ao todo. E a filosofia, à qual estou te convidando, promete demonstrar aos que a amam verdadeiramente a visão das doutrinas mais fecundas, proferidas pelos oráculos, e extremamente distanciadas do intelecto dos profanos. Deste modo, visto que muitas coisas te acontecem, indignas de teu espírito, nem por isso deves desprezar-te, pois que, se a providência divina se dignou vir até nós, fato este indubitável, creia no que vou te dizer, que é necessário que aconteça contigo exatamente como acontece. Isso porque, ao entrares na vida humana, repleta de todos os erros, dotado de tua índole, que tanto admiro desde o começo da adolescência, dando os primeiros passos da razão ainda vacilantes e escorregadios, te viste acolhido e rodeado de riquezas. Estas facilmente teriam absorvido tua idade e teu espírito – o qual buscava seguir avidamente as coisas que pareciam belas e honestas – por um turbilhão sedutor, se não fossem aqueles ventos, considerados como contrários à fortuna, que te arrebataram quando estavas a ponto de afogar-te.

Se as coisas favoráveis colaboram para o estudo da sabedoria

1.2 Mas, se por acaso tu promovesses jogos de ursos e espetáculos nunca vistos aos nossos concidadãos, e fosses acolhido por aplausos teatrais cada vez mais favoráveis, se fosses elevado ao céu pelas vozes concordes e unânimes dos homens estultos, *dos quais há uma turba imensa* (Qo, 1,15), se ninguém ousasse ser teu inimigo, se nas estatuetas municipais fosse esculpido teu nome em bronze, não só como patrono dos teus concidadãos mas igualmente das regiões circunvizinhas, se te fossem erigidas estátuas, e repleto de honras te fossem atribuídos poderes que superam inclusive os cargos municipais que ocupas, que para tuas refeições diárias te fosse preparada uma mesa farta, se o que quer que fosse necessário para cada um, mesmo que desejasse satisfazer-se com seu gosto pessoal, isso pudesse ser pedido sem hesitação e sem hesitação ser recebido, sendo concedidas muitas coisas, inclusive aos que não pedem, se os bens familiares fossem diligente e fielmente administrados pelos teus, mostrando-se aptos e suficientes para sustentar todos esses custos. Se tudo transcorresse assim, enquanto tu vives em enormes e belíssimas edificações, no esplendor dos balneários, gozando de todo tipo de jogos que são consentidos pela honestidade, nas caçadas, nos festins, sendo celebrado pela boca de teus clientes, pela boca de teus concidadãos, enfim, pela boca dos povos como o mais humaníssimo dos homens, o mais generoso, o mais distinto, o mais afortunado, como realmente o foste... Quem poderia ousar, ó Romaniano, quem, pergunto novamente, poderia ousar recordar-te daquela outra vida feliz, a única vida realmente feliz? Quem, pois, poderia persuadir-te não só de que não eras feliz, mas que eras tanto mais miserável quando menos te consideravas sê-lo? Mas, agora, num breve espaço de tempo, quão grande admoestação tivestes, pelo sofrimento de tantas e tais adversidades. De fato, não precisas ser persuadido por exemplos provindos de outros sobre o quão fugidio, frágil e eivado de calamidades é tudo aquilo que os mortais qualificam como bens. E, partindo de ti, através de tua experiência, podemos muito bem persuadir também aos demais.

Se as adversidades nos conduzem à sabedoria

1.3 Aquela qualidade, portanto, aquela tua qualidade, pela qual sempre desejaste as coisas decentes e honestas, pela qual preferistes ser mais liberal do que rico, pela qual jamais desejastes ser mais poderoso do que justo, sem jamais ceder frente às adversidades e às improbidades, isso mesmo, repito, que há de divino em ti, adormecido por não sei qual sono e letargia da vida, a secreta providência propôs despertar sacudindo-te de diversas maneiras e duramente. Desperta, desperta, te imploro! Muito te alegrarás, creia-me, que os dons deste mundo não te atraiam através de praticamente nenhuma prosperidade, por meio do que são seduzidos os incautos. Esses mesmos se esforçavam e teriam capturado também a mim próprio, que diariamente os exaltava, se uma dor pungente no peito não me houvesse forçado a afastar-me dessa profissão vã, refugiando-me no seio da filosofia. É essa que agora, gozando do ócio ardentemente buscado, me nutre e me favorece. Foi ela que me libertou totalmente daquela superstição na qual eu te precipitei junto comigo. É ela que me ensina, e me ensina de forma verdadeira, que não se deve cultuar, que, ao contrário, é preciso desprezar tudo aquilo que se vê com nossos olhos mortais, tudo quanto se percebe por qualquer um dos nossos sentidos. Essa filosofia mesma promete demonstrar de forma clara o veríssimo e secretíssimo Deus, e quase já se digna a mostrá-lo como que por entre nuvens translúcidas.

O que os levou à discussão

1.4 Vive comigo, empenhado nessa busca com muito esforço, nosso Licêncio. Ele está totalmente votado ao estudo, tendo-se afastado das seduções dos prazeres juvenis de tal modo que ouso propor sua atitude, sem temor, como modelo a ser imitado por seu pai. A filosofia é tal, pois, que não se deve tentar excluir de seus seios nenhuma idade. A fim de incitar-te para que a retenhas e a sorvas com mais avidez, muito embora conheça bem qual é a tua sede, quis enviar-te antecipadamente uma amostra, e peço que não frustres a minha esperança, e essa possa te ser agradável e, para dizer assim, te seja orientadora. Para isso, enviei-te os debates que tiveram entre si Trigésio e Licêncio e que foram registrados em papel. E uma vez que o serviço militar nos tenha usurpado por um bom tempo o primeiro, também jovem, e como que servindo para dissolver o fastio das disciplinas, no-lo devolveu então repleto de ardor e faminto para apropriar-se das grandes artes nobres. Tendo-se passados poucos dias depois de termos começado a viver no campo, e tendo-os exortado e animado aos estudos, surpreendi-me por vê-los preparados e bastante ansiosos, mais que o esperado; então decidi-me tentar examinar o alcance de suas possibilidades, em conformidade com suas idades, sobretudo vendo que, em grande parte, o livro de Cícero, *Hortênsio*, já havia disposto seu ânimo para a filosofia. Assim, lançando mão de um notário, não permiti que nada se perdesse, a fim de que nosso trabalho não se esvaísse ao vento. Neste livro, então poderão ser lidas naturalmente as questões e opiniões dos mesmos, mas também as palavras minhas e de Alípio.

Qual a questão tratada aqui (2,5-6)

Sobre o que tratam as questões a serem demonstradas e confirmadas

2.5 E uma vez tendo-nos reunido, por conselho meu, num lugar que me pareceu oportuno para tal, eu disse: Por acaso duvidais que devemos saber o que é verdadeiro? De modo algum, disse Trigésio, e os demais deram mostras de aprovação do mesmo por meio de gestos. Eu disse então: Se pudéssemos ser felizes, mesmo não tendo compreendido o que é verdadeiro, julgais ainda ser necessária a compreensão do mesmo? Ao que Alípio disse: Nessa questão julgo ter mais segurança se eu atuar como juiz, uma vez que eu fiquei encarregado de ir à cidade, é importante que eu seja dispensado do encargo de defesa de algumas questões; do mesmo modo, posso delegar a alguém com mais facilidade a participação como juiz do que como defensor de alguma das partes. Essa é a razão por que, a partir de agora, não deveis esperar de mim qualquer intervenção em favor dessa ou daquela parte. E uma vez que todos concordaram com tal proposta, e eu próprio repeti a proposição feita, Trigésio retomou a palavra e disse: Queremos certamente ser felizes; e se podemos alcançar a felicidade, dispensando a verdade, não precisamos inquirir a respeito da mesma. O que vos parece, disse eu? Julgais podermos ser felizes, mesmo não tendo encontrado a verdade? Então Licêncio disse: Podemos, uma vez que busquemos o verdadeiro. E aqui, visto que eu pedi aos demais por meio de gestos, que manifestassem sua opinião a respeito, Navígio disse: Sinto-me convencido por aquilo que disse Licêncio. Talvez ser feliz seja exatamente isso, viver na busca da verdade. Defina, pois, disse Trigésio, o que seja a vida feliz, para que, a partir daí, possa deduzir o que convém que seja respondido. Não te parece que viver feliz seja algo diverso do que viver segundo aquilo que é o melhor que há no homem? Não gosto de confirmar palavras irrefletidas, por isso te peço que definas o que seja o melhor que há no homem. Quem duvida, disse eu, que a melhor parte que há no homem é aquela parte do espírito, sob cujo domínio é conveniente que se desprezem todas as demais forças presentes no homem?

E para que não postules outra definição, essa parte pode ser chamada de mente ou de razão. Mas se não concordas com essa definição, procura um modo de definir a mesma, seja a vida feliz ou a melhor parte no homem. Estou de acordo com tua definição, disse ele.

Se nos tornamos sábios apenas por meio da perquirição ou pela aquisição da verdade

2.6 O que propões, pois? Ora, para retornarmos ao problema, disse eu, te parece que se possa viver feliz não tendo encontrado o verdadeiro, conquanto se o busque? Vou repetir a opinião que proferi antes, disse ele: De modo algum me parece ser assim. E quanto a vós, disse eu, qual é vossa opinião? Então Licêncio tomou a palavra: Certamente que sim, disse ele, pois nossos grandes antepassados, que consideramos como sábios e felizes, buscavam somente aquilo que é verdadeiro e viveram bem e de modo feliz.

Agradeço, ademais, acrescentou ele, que me constituístes juiz junto com Alípio, do qual, tenho de admitir, já começava a nutrir inveja. Ora, disse eu, visto que um de vós me parece defender que a vida feliz consiste apenas na investigação da verdade e o outro defende que essa não pode ser alcançada sem que se encontre a verdade, e Navígio, um pouco antes, deu sinais de querer aderir ao teu partido, espero com muita curiosidade para ver qual de vossas opiniões sereis capazes de defender. Trata-se de uma questão de grande monta, e digna da mais alta e diligente discussão. Se é uma questão de grande monta, disse Licêncio, tratar da mesma requer grandes homens. Não queiras encontrar, retruquei, especialmente nessa casa de campo alguém que será difícil encontrar por entre todas as nações. Antes te peço que expliques a razão daquilo que proferistes, não temerariamente segundo me parece, e por qual razão opinas desse modo, visto que questões grandiosas, quando são discutidas e investigadas pelos pequenos, costumam transformar a estes também em grandiosos.

Se a sabedoria consiste em inquirir a verdade (3,7-5,15)
a) A busca perfeita (3,7-9)
Recurso à autoridade de Cícero

3.7 Visto que nos instigas com insistência para que discutamos entre nós, e confiando que queiras que isso nos seja útil, pergunto: Por que não pode ser feliz quem busca o verdadeiro, mesmo que de modo algum o encontre? Porque queremos, disse Trigésio, que aquele que é feliz seja perfeito e sábio em tudo. Quem ainda está buscando ainda não é perfeito. De modo algum consigo ver, pois, como podes considerá-lo feliz. E o outro respondeu: A partir de ti, podes convencer-te da autoridade dos nossos antepassados superiores? Não, da de todos, respondeu Trigésio. De quais, então, podes convencer-te? E aquele: Daqueles que foram sábios. Então Licêncio disse: E Carnéades te parece ser sábio? Não sendo grego, eu não sei realmente quem foi esse tal de Carnéades. Ora, o que pensas então de nosso Cícero, disse Licêncio? E calando-se por um instante, aquele disse depois, ele foi um sábio. Licêncio insistiu: A sua opinião sobre a matéria em questão tem alguma importância para ti? Tem sim, respondeu aquele. Escuta então o que ele diz sobre o assunto, pois julgo que o tenhas esquecido. Agradava ao nosso Cícero afirmar que é feliz quem investiga a verdade, mesmo se não consegue chegar a encontrá-la. E Trigésio: E onde foi que Cícero afirmou isso? Licêncio respondeu: Quem poderia ignorar que ele afirmou com veemência que nada pode ser percebido pelo homem, que nada mais resta ao sábio a não ser inquirir de forma diligente a verdade? E por conseguinte, uma vez que tenha dado anuência a ideias incertas, mesmo se por acaso fossem verdadeiras, esse não poderá ser liberto do erro, e essa é a maior das culpas do sábio (CÍCERO. Fragm. 101 t.A.). E por isso, visto ser necessário crermos que o sábio também é feliz, e que o ofício perfeito da sabedoria é apenas investigar a verdade, por que duvidar que a vida feliz possa ser alcançada apenas pela investigação da verdade?

Buscando discernir a autoridade de Cícero

3.8 Então disse Trigésio: É lícito, afinal, retornar às afirmações que foram aceitas de maneira temerária? Nesse ponto, eu intervi dizendo: Costumam conceder tal coisa aqueles que buscam discutir não movidos pelo desejo de encontrar o que é verdadeiro, mas pela presunção da jactância imatura. Assim, pois, aqui comigo, visto que estais ainda sendo nutridos e educados, não só é concedido, mas também quero que guardeis isso como um preceito, a saber, é necessário retornar às questões já discutidas que aceitastes sem um exame acurado. Então Licêncio disse: Considero grande progresso na filosofia que a vitória na disputa de uma questão seja considerada desprezível em comparação com a busca por encontrar o que é reto e verdadeiro. Desse modo, atendo de boa vontade aos teus preceitos e ao teu parecer permito a Trigésio – assunto que me compete de direito – retornar àquilo que ele julga ter aceito sem exame cuidadoso. Então Alípio disse: Vós mesmos reconheceis comigo que isso ainda não compete ao encargo a mim imposto. Isso porque, uma vez que a minha partida, já definida há tempo, me compele a interromper minha participação, aquele que participa comigo, também com o encargo de julgar, não irá recusar-se de assumir essa dupla função em meu lugar até que eu regresse. Falo isso porque, a meu ver, essa vossa discussão irá estender-se por longo tempo. E tendo se retirado, Licêncio retomou a palavra dizendo: Diga, pois, o que aceitastes sem examinar com cuidado. Ele respondeu: Aceitei sem examinar que Cícero foi um sábio. Portanto, disse Licêncio, Cícero, aquele por quem a filosofia foi introduzida e levada à perfeição em língua latina, não foi um sábio? Mesmo que eu conceda que ele foi um sábio, disse Trigésio, nem tudo o que ele proferiu eu aprovo. Mas é necessário que refutes muitas outras ideias do mesmo, a fim de não parecer ser um tanto imprudente reprovar essa ideia de que é matéria de nossa discussão. E Trigésio: E se eu for capaz de afirmar que sua opinião não era correta apenas em relação ao assunto que discutimos? O que te interessa, pelo que me parece, nada mais é que saber qual o peso que deve ser atribuído ao que busco apresentar como fundamentação para tal. Prossiga então, disse Licêncio, pois como ousaria eu contrariar aquele que se declara adversário de Cícero?

Se o perfeito inquirir atinge seu objetivo

3.9 A esta altura interveio Trigésio: Quero que tu, sendo nosso juiz, voltes tua atenção para o modo como acima definistes a vida feliz; dissestes, pois, ser feliz aquele que vive de acordo com aquela parcela do espírito que convém que comande sobre as demais. E tu, Licêncio, quero que concordes com a seguinte ideia (já que, em nome da liberdade na qual maximamente nos promete a filosofia, a qual reivindica essa função, a saber, sacudir para longe o jugo da autoridade), qual seja: não é perfeito aquele que ainda busca a verdade. E aquele, após um longo silêncio, disse: Não concordo com isso. E Trigésio: Explica-me, pois, por que não concordas. Sou todo ouvidos e realmente gostaria saber de que modo o homem pode ser perfeito e ainda estar buscando a verdade. O outro respondeu: Tenho de admitir que quem ainda não alcançou o fim não é perfeito. Julgo, porém, que só Deus conheça aquela verdade, ou talvez também a alma humana, uma vez tendo abandonado esse corpo, isto é, seu cárcere de trevas. O fim do homem, porém, é buscar a verdade de modo perfeito; apesar de buscarmos a perfeição do homem, este não deixa de ser homem. E Trigésio disse: Portanto, o homem não pode ser feliz. Como poderia, pois, se não consegue alcançar aquilo que deseja ardentemente? O homem pode sim viver feliz, porquanto pode viver de acordo com aquela parte do espírito que, por direito deve dominar sobre as demais partes do homem. Pode, portanto, encontrar o verdadeiro. Ou então, que ele se retenha e não deseje o verdadeiro, a fim de que, não podendo alcançar o mesmo, não venha a ser necessariamente miserável. Aqui afirmou o outro: A felicidade do homem é precisamente isso, a saber, buscar de maneira perfeita a verdade; Licêncio disse: É isso, portanto, alcançar o fim, além do qual não é possível progredir. Qualquer um, portanto, que busque a verdade com menos insistência do que o necessário não alcança o objetivo e o fim proposto ao homem; e qualquer um que empreenda quanto pode e deve para encontrar a verdade, mesmo que não a encontre, é feliz. Isso porque ele faz tudo o que lhe foi dado fazer por natureza. Se não conseguir encontrar a verdade, portanto, sua falta deve-se ao que a natureza não lhe deu. Por fim, sendo algo necessário que o homem seja feliz ou miserável, não parece ser algo demente afirmar ser infeliz aquele que busca aplicadamente investigar a verdade o quanto pode, dia e noite? Será, portanto, feliz. Então, esta definição me é extremamente favorável, segundo julgo, pois se é feliz, como é, aquele que vive segundo aquela parte de seu espírito que convém que reine sobre as demais, e essa parte se chama de razão, pergunto então se não vive segundo a razão aquele que busca de maneira perfeita a verdade? Pois, se isso for absurdo, por que duvidamos que se possa chamar de feliz ao homem que só busca inquirir pela verdade?

b) O estudo da sabedoria nos previne contra o erro (4,10-12)

Se erra aquele que atinge o fim

4.10 Na minha opinião, disse Trigésio, quem quer que erre não vive segundo a razão e de modo algum é feliz. Erra, porém, aquele que sempre está buscando mas nunca encontra. Assim, agora tens de demonstrar uma dessas duas coisas, a saber, ou que aquele que erra pode ser feliz, ou que aquele que busca e nunca encontra nem por isso está no erro. E Licêncio respondeu: Aquele que é feliz não pode errar. E, tendo-se calado por mais tempo, acrescentou: Ele não erra porque está buscando, pois busca com perfeição justo para não errar. Trigésio respondeu: Ele busca a fim de não errar, mas ele erra, justo porque nada encontra. Assim julgastes ser-te vantajoso o fato de que ele não quer errar, como se ninguém errasse contra vontade, ou que alguém de modo algum erra a não ser contra sua própria vontade.

A esta altura, visto que o outro hesitava em responder, eu intervi dizendo: Deveis definir agora então o que seja erro, visto que será mais fácil para verdes os limites de uma coisa, quando nela tiverdes adentrado totalmente. Licêncio respondeu: De minha parte, não sou idôneo para definir as coisas, muito embora o conceito de *erro* seja mais fácil de definir (*definire*) do que estabelecer-lhe os limites (*finire*). Trigésio disse: Eu vou defini-lo, tarefa que faço com facilidade, não por causa de meu engenho, mas pela excelência da causa. Errar é sempre buscar e jamais encontrar. De minha parte, disse Licêncio, se pudesse refutar com facilidade essa definição, já há um bom tempo não teria falhado com a questão que defendo. Mas, visto que essa questão é, por si mesma, muito árdua, ou por que me parece sê-lo, peço-vos que a suspendamos amanhã, pois nada consigo encontrar hoje que pudesse vos responder, muito embora me debruce com diligência sobre a questão. E uma vez que eu próprio julguei que se deveria proceder assim mesmo, e os demais não se opusessem, levantamo-nos para sair a passeio. Andávamos conversando sobre muitas e variadas coisas, enquanto que Licêncio caminhava fixo em seus pensamentos. E uma vez tendo percebido que não conseguia encontrar uma saída, preferiu relaxar o espírito e tomar parte em nossas conversas. Mais adiante, já ao anoitecer, retornaram ao mesmo tema controverso, mas eu intervim moderando seu ímpeto e os convenci para deixarem a questão para o dia seguinte.

Se não erra quem não aprova o que é falso

4.11 No dia seguinte, tendo-nos assentado todos, eu comecei dizendo: Vamos retomar a questão que começamos ontem. Então Licêncio propôs: Adiamos a discussão de ontem, se não estou enganado, visto que a definição de *erro* me parecia ser dificílima. Certamente não erras em relação a isso, disse eu, e desejo de boa vontade que assim se proceda contigo em relação ao que há de vir. Escuta, pois, disse aquele, o que teria exposto ainda ontem se não tivesses me interrompido. Na minha opinião, o erro consiste em aprovar o falso em lugar do verdadeiro. Nesse erro de modo algum incide quem considera que a verdade deva ser sempre buscada;

quem nada aprova não pode aprovar o falso, e, portanto, não pode errar. Mas assim facilmente pode ser feliz, pois, para não irmos ainda mais longe, se a nós próprios fosse permitido viver todos os dias como ontem, nada me ocorre que pudesse ser motivo de dúvida de que poderíamos ser chamados de felizes. Vivemos em grande tranquilidade de mente, superando toda e qualquer impureza de corpo, muito afastados do ardor dos desejos, entregando-nos às obras da razão, como convém ao homem; ou seja, vivendo segundo aquela parte divina do espírito, que entre nós, ontem convencionamos definir como vida feliz; E, na minha opinião, nada encontramos, mas apenas buscamos a verdade. Assim, portanto, o homem pode alcançar a vida feliz apenas pela pesquisa da verdade, mesmo que de modo algum possa encontrá-la. Nota, pois, com quanta facilidade pode-se excluir tua definição através de noções comuns. De fato, dissestes que errar seria buscar sempre sem nunca encontrar. Ora, se alguém que nada busca for interrogado, por exemplo, e lhe perguntarem se naquele momento é dia, responde imediatamente sem refletir que, na sua opinião, é noite. Não te parece que ele erra? Esse gênero de erros tão grandiosos não está incluso em tua definição. E se inclui também aqueles que não eram, poderá por acaso haver alguma definição mais viciosa que a tua? Pois, se alguém quer chegar à Alexandria e toma o caminho reto para lá, não podes dizer que ele está errado, pelo que me parece. E, se em função de vários impedimentos, retardar sua chegada e acabar sendo surpreendido pela morte, não terá ele estado sempre à procura, sem jamais ter encontrado, e contudo, não errou? Trigésio retrucou: mas nem sempre buscou.

Se alguém poderá alcançar a vida feliz apenas através do inquirir

4.12 Dizes com correção, afirmou Licêncio, e tuas admoestações são boas. Mas, no mais, nada de tua definição faz parte da questão em causa. Isso porque não afirmei que é feliz aquele que sempre busca a verdade. Coisa que não é possível, visto que, em primeiro lugar, o homem não vive sempre; e, depois, porque não pode buscar a verdade já desde o momento em que começa a ser homem, pois a idade não lhe permite tal coisa. Ou se consideras o *sempre* no sentido de que não suporta perder um instante qualquer de buscar a verdade, uma vez já estando em condições de buscá-la. Nesse caso deves retomar o exemplo da ida para Alexandria. Suponhamos, portanto, alguém a quem a idade e as ocupações permitem tempo para viajar. Ele começa a percorrer esse caminho, e mesmo sem nunca desviar-se da rota, antes de alcançar sua meta acaba falecendo. Incidirias certamente em erro maior se pensasses que o mesmo estaria errando, pois pelo tempo que pode não desistiu de buscar, mesmo não tento conseguido encontrar o que perseguia? Por essa razão, se a minha descrição for verdadeira – a saber, todo aquele que busca retamente não erra, muito embora não encontre a verdade –, alguém será feliz por causa que vive em conformidade com a razão. Tua definição, ao contrário, mostrou ser vazia, e se não o fosse, eu não deveria preocupar-me com a mesma, uma vez que, a partir daquilo que expus, essa questão ganha suficiente sustentação. Pergunto então: Por que não estaria solucionada essa questão que surgiu entre nós?

c) *Se a sabedoria é certa razão inquiridora (5,13-15)*
Se a sabedoria é o correto caminho da vida

5.13 Então Trigésio tomou a palavra: Concordas, disse ele, que a sabedoria seria o correto caminho da vida? Concordo, sem hesitação, disse o outro; todavia, gostaria que definisses o que é sabedoria, a fim de que possa ver se sabedoria significa para ti o mesmo que significa para mim. Não te parece, disse ele, que essa mesma acabou sendo definida pelo que se acabou de interrogar? E ademais, já concordastes com aquilo que eu queria que concordasses. Se não me engano, o caminho correto da vida se chama sabedoria. Então Licêncio disse: Não vejo nada de mais ridículo do que essa definição. Talvez sim, disse o outro, no entanto, peço para darmos um passo de cada vez, para que a razão se antecipe ao teu riso, pois nada há de pior do que um riso digno de um riso maior. Mas então, disse Licêncio, não concordas que a morte é contrária à vida? Admito, disse ele. O outro então disse: A mim parece não haver outro caminho de vida a não aquele que cada um percorre buscando não sucumbir na morte. Trigésio concordou. Se um viandante, para evitar um atalho, tendo ouvido estar infestado de ladrões, percorre o caminho reto, para assim poder escapar de sua destruição, não segue ele o caminho da vida e assim o caminho reto? Mas ninguém chama a isso de sabedoria. Como, portanto, somente a sabedoria é o caminho correto da vida? Concordei que a sabedoria era isso, mas não só. A definição porém não deve incluir em si nada de estranho. Agora, então, se for do teu agrado, defina novamente o que te parece ser a sabedoria.

A sabedoria é a razão correta do inquirir

5.14 Por um tempo, Trigésio se calou, por fim disse: Vou defini-la novamente, visto que decidistes não acabar nunca com isso. A sabedoria é o caminho reto que conduz à verdade. O outro respondeu: Também isso será preciso refutar, pois, lançando mão de Virgílio, onde a mãe responde a Eneas: Apenas prossiga e por onde te conduz o caminho, para lá dirige teus passos (VIRGÍLIO. *Aen*., 1, 401); seguindo esse caminho chega àquilo que se disse, isto é, ao verdadeiro. Se te agrada, podes contender afirmando que o lugar onde aquele pôs os pés para caminhar pode ser chamado de sabedoria, muito embora eu esteja me esforçando estultamente para tentar derrubar essa tua descrição, visto que em nada mais ajuda para a minha questão. Isso porque tu chamastes de sabedoria não à verdade ela mesma, mas ao caminho que a ela conduz. Quem quer que use desse caminho, portanto, usa certamente da sabedoria. E quem usa da sabedoria é necessariamente sábio. Seria sábio, portanto, aquele que buscasse de modo perfeito a verdade, mesmo que não conseguisse chegar a ela. Isso porque o caminho que conduz à verdade, pelo que me parece, não pode ser melhor compreendido do que inquirindo diligentemente sobre a verdade. E, usando portanto desse caminho, já por isso alguém será sábio. Nenhum sábio poderá ser miserável. Todo homem é, portanto, miserável ou feliz. O que torna alguém feliz, portanto, não é apenas o encontrar a verdade, mas a investigação da verdade por si mesma.

Deve-se aprovar a sabedoria, mesmo que cada um a veja a seu modo

5.15 Trigésio então acrescentou sorrindo: Mereço que essas coisas aconteçam comigo, visto que me confio em fazer concessões ao meu adversário em questões não necessárias; como se eu fosse alguém muito hábil em definições, ou que na discussão houvesse algo que eu considero mais desnecessário. Que tipo de método seria esse, pois, se eu te pedisse para voltares a definir algo, e novamente insistisse para definires os termos daquela definição, e assim subsequentemente de todas as que se seguem, fingindo nada compreender? Pois por que não poderia exigir, de direito que se defina o que é mais óbvio, quando se me pede de direito a definição de sabedoria? De fato, haverá alguma noção mais clara que a natureza queira ter impresso em nosso espírito do que as palavras da sabedoria? Mas não sei por que razão, logo que essa noção abandona como que o porto de nossa mente, estendendo sua vela como um liame de palavras, defronta-se logo com mil intrigas que ameaçam seu naufrágio. De modo que não se me peça a definição de sabedoria ou nosso juiz se digne vir em auxílio de seu ofício de patrono. Ora, visto que a noite já começa a impedir a escrita e vendo eu que estava surgindo mais uma vez certa questão muito importante para a discussão, adiei a discussão para o dia seguinte, visto que começávamos a discutir quando o sol iniciava seu ocaso, e tendo gasto quase que o dia inteiro para organizar os trabalhos agrícolas e ainda para rever e analisar o primeiro livro de Virgílio.

A sabedoria é a ciência de que coisas? (6, 8, 23)

6.16 Ciência das coisas humanas e divinas

Então, logo que se fez dia, já que no dia anterior havíamos organizado as coisas de tal modo a que no dia seguinte nos restasse muito mais tempo livre, adentramos imediatamente nas questões que nos ocupavam. Iniciei dizendo: Ontem, Trigésio, pedistes para que eu descendesse do meu papel de juiz para a função de defensor da sabedoria, como se em vosso discurso a sabedoria sofresse com a pressão de algum adversário, ou que fosse trabalhada por algum defensor, de tal modo que deveria implorar auxílio de alguém maior. Pois entre vós não surgiu qualquer outra busca a não ser buscar saber o que seja a sabedoria. E nisso nenhum de vós estaria impugnando-a, antes, ambos a desejais. E mesmo tu, se supões ter falhado na definição da sabedoria, nem por isso deves desistir de defender o restante de tua opinião. Assim, de mim nada mais tereis que a definição de sabedoria, que não é minha nem é nova, mas provém dos homens antigos, e me admiro de que disso não vos recordeis. Não é a primeira vez que ouvis, portanto, que *sabedoria é a ciência das coisas humanas e divinas* (CÍCERO. *Tusc.*, 4, 26, 27; *De off.*, 2, 2, 5).

Se a adivinhação pertence à sabedoria

6.17 Após essa definição, julgava que Licêncio tivesse longamente pensado no que dizer, mas interpôs imediatamente: Pergunto, pois, disse ele, por que não chamamos de sábio então àquele homem perverso, que conhecemos bem, no geral, pela vida dissoluta que leva com inúmeras meretrizes. Refiro-me a Albicério, que por muitos anos em Cartago respondia com palavras admiráveis e certeiras aos que o consultavam. Poderia mencionar aqui inúmeros casos se não estivesse falando a pessoas bem-informadas, e se com esses poucos casos já não tivesse material suficiente para meu intento. E falando a mim, disse: Não é verdade que não podendo encontrar uma colher dentro de casa, perguntado sobre tal, a teu comando, esse sujeito não só respondeu com prontidão e verdade o que se perguntou, mas inclusive informou o nome da pessoa a que essa pertencia e onde estava escondida? Da mesma forma, estando eu presente, e omito o fato de que naquilo que se lhe perguntava nada havia de absolutamente falso, certo dia um jovem que carregava o dinheiro, quando dele nos aproximávamos, acabou roubando parte do mesmo; e aquele homem então, mesmo antes de ver o jovem ou sem ter visto sequer o dinheiro ou de ouvir de nós o montante que fora roubado, ordenou que fosse contado todo o dinheiro, e obrigou-o a que lhe devolvesse o que pegou, diante de nossos olhos.

O que dizer do adivinho Albicério?

6.18 Mas então, não foi de ti que ouvimos falar que o doutíssimo e nobilíssimo varão Flaciano costumava ser muito admirado? Ao manifestar a intenção de comprar uma fazenda, foi consultar aquele adivinho sobre a questão, para que, se pudesse, lhe dissesse o que havia feito. E então, aquele não só lhe relatou a natureza do negócio de que se tratava, mas inclusive – o que era motivo de clamor e admiração por parte daquele – pronunciou o próprio nome daquela fazenda, e isso pareceu algo totalmente absurdo, visto que o próprio Flaciano quase nem se recordava do nome da fazenda. Não posso mencionar aqui, sem estupor de espírito, o que disse ele a um amigo nosso, teu discípulo que buscara irritá-lo, insistindo de maneira insolente para que lhe dissesse o que ele estava ruminando consigo mesmo. O outro lhe respondeu que estava pensando num verso de Virgílio. E visto que aquele, estupefato, não podia negar, prosseguiu perguntando qual era esse verso. E Albicério, que mal tinha visto e apenas de passagem uma que outra vez a escola dos gramáticos, não hesitou em lhe decantar o verso referido de maneira segura e eloquente. Das duas coisas uma, ou não eram coisas humanas sobre as quais ele era consultado, ou, então, respondia aos que o consultavam de maneira tão certa e verdadeira sem ter ciência das coisas divinas. E as duas opções são absurdas. Isso porque as coisas humanas nada mais são que as coisas dos homens, como a prata, o dinheiro, a fazenda e por fim também o próprio pensamento. E as coisas divinas quem não julgaria certamente não serem aquelas coisas pelas quais se dá a adivinhação ao homem? Albicério foi seguramente um sábio então, se, como concordamos por aquela definição, a sabedoria é a ciência das coisas humanas e divinas.

A ciência implica a aprovação

7.19 Então aquele interveio: Em primeiro lugar, disse ele, não chamo de ciência aquela na qual vez por outra quem a professa se engana. A ciência se constitui não apenas de coisas compreendidas, mas compreendidas de tal modo que qualquer um que a exerça não erre nem deva hesitar frente à pressão de qualquer adversário. É por isso que temos aquela afirmação muito verdadeira de certos filósofos que diz que a ciência não pode ser encontrada a não ser no sábio. Ele não só deve ver e seguir aquilo que percebe, mas também sustentá-lo com um fundamento inconcusso. Sabemos, porém, que este que nos trouxestes à memória disse muitas vezes uma infinidade de coisas falsas, que não me vieram ao conhecimento apenas referidas por outros, mas eu próprio, vez por outra as ouvi estando presente. Poderia eu chamá-lo de perito na ciência, visto que muitas vezes dizia coisas falsas? E como não chamá-lo assim se hesitasse nos dizer as coisas verdadeiras? Considerai igualmente que diria isso também dos auspícios e augúrios, de todos os astrólogos e dos que interpretam sonhos. Ou então, se puderdes, trazei-me alguém desse gênero de homens, que consultado, jamais duvide de suas respostas e que, por fim, jamais diga coisas falsas. Pois julgo que em nada devo ocupar-me com os que proferem vaticínios e oráculos, pois falam através de uma mente estranha a eles.

A adivinhação não pertence à sabedoria

7.20 Ademais, concordo que as coisas humanas são as coisas próprias dos homens, consideras ser nossa qualquer coisa que o acaso possa nos dar ou nos tirar? Ou quando se fala de ciência das coisas humanas, pensa-se naquela ciência pela qual alguém sabe quanto ou quais fazendas temos, quanto ouro, quanta prata, e finalmente em que versos alheios estaríamos pensando? A ciência das coisas humanas é aquela pela qual se conhece a luz da prudência, ou a beleza da temperança, a força da fortaleza, a santidade da justiça. São essas, portanto, as coisas que ousamos dizer que são verdadeiramente nossas, não temendo qualquer fortuna; Se Albicério houvesse aprendido, creia-me, jamais teria vivido de forma tão luxuriosa e desregrada como viveu. Mas o fato de ele ter dito que verso estava sendo pensado no espírito de quem o estava consultando, nem isso sequer julgo que se deve enumerar entre as coisas que nos são próprias. Não que eu esteja negando que as artes liberais nobres não façam parte de certa posse de nosso espírito, mas porque é concedido também a pessoas sem a menor especialização decantar e recitar versos alheios. Por isso, não deve ser causa de admiração se, eventualmente, quando nos passa algo pela memória, certos animais muito vis, chamados de demônios, podem sentir isso a partir de sua atmosfera, os quais, admito, podem nos superar pela agudeza e sutileza dos sentidos; todavia não admito que se possa chamar isso de razão. E desconheço como possam fazer tal coisa, por qual modo secretíssimo e extremamente distante de nossos sentidos. Pois se nos admiramos da abelha que, tendo fabricado seu mel, não sei por que sagacidade que supera a capacidade humana, retoma seu voo para outro lugar, nem por isso devemos preferi-la e muito menos compará-la conosco.

A adivinhação é atribuída a certos animais aéreos

7.21 Prefereria, pois, que este Albicério ensinasse a própria métrica a quem o interrogasse desejoso de aprender com ele, ou então, forçado por algum dos que com eles se consultava, pudesse declamar versos compostos por ele próprio, improvisados no momento. Tu mesmo costumas recordar que às vezes o próprio Flaciano dizia o mesmo, quando, com atitude de mente eleva, ridicularizava e até desprezava esse tipo de adivinhação, falando não saber por que fazia tal coisa; ele atribuía esse poder a um geniozinho abjetíssimo, que, admoestado ou insuflado por ele, costumava responder a essas questões, como se fosse um espírito. Aquele varão doutíssimo perguntava àqueles que admiravam tais coisas se Albicério era capaz de ensinar a gramática ou a música ou a geometria. Mas quem o conhecia não era obrigado a confessar que ele era totalmente inexperiente nessas coisas todas? Por essa razão, insistia com veemência, exortando a que dedicassem seus espíritos aos que ensinassem tais disciplinas, preferindo isso, sem sombras de dúvida, àquelas adivinhações, e esforçando-se para instruir-se nas obras daquelas disciplinas e aparatar sua mente, através da qual era necessário superar e transcender essa natureza aérea dos animais invisíveis.

Quais seriam as coisas verdadeiramente humanas e divinas

8.22 Quanto mais no caso das coisas divinas, com o que todos concordam, sendo muito melhores e mais excelentes do que as humanas, de que modo poderia alcançá-las aquele que não soubesse o que são? A não ser que consideres que os astros, que diariamente contemplamos no céu, sejam algo grandioso em comparação com o Deus veríssimo e secretíssimo, a quem raramente o intelecto consegue atingir, mas que os sentidos nunca conseguem atingir. Mas essas coisas, ao contrário, estão sempre à disposição de nossos olhos. Não se trata ali, portanto, de coisas divinas, as quais apenas a sabedoria consegue saber. As demais coisas, porém, das quais abusam estes adivinhos, não sei por que razão, se por jactância vã ou se por lucro, são certamente ainda mais vis que os astros. Albigério não participava, portanto, da ciência das coisas humanas e divinas, e inútil foi tua tentativa de atacar nossa definição desse modo. E visto que nos convém tratá-lo como coisa muito vil e desprezá-lo inteiramente, pergunto em que coisas aquele teu sábio busca a verdade? E Licêncio respondeu: Nas divinas, pois sem dúvida a virtude que há no homem também é divina. Trigésio disse: Então Albicério já tinha conhecimento dessas coisas que teu sábio estava sempre buscando? Então Licêncio disse: Também ele sabia as coisas divinas, mas não as que são buscadas pelo sábio. E não estaríamos subvertendo todo costume de se falar se, concedendo-lhe ser ele adivinho, lhe negássemos as coisas divinas, de onde provém o nome de adivinhação? Isso porque, aquela vossa definição, se não me engano, inclui em si não sei que algo outro que não pertence à sabedoria.

Se a sabedoria é igual à ciência e à inquirição

8.23 Trigésio interveio: Essa definição poderia ser defendida por aquele que a propôs, se lhe agrada. Agora responda-me tu, a ver se finalmente chegamos ao que importa. Estou pronto, disse aquele. E Trigésio: Admites então que Albicério conhecia o verdadeiro? Admito respondeu ele. Era melhor que o teu sábio, portanto? De modo algum, disse aquele, pois aquele tipo de verdadeiro pelo que indaga o sábio, não consegue alcançar aquele adivinho delirante e nem mesmo o sábio enquanto ainda vive nesse corpo. Esse verdadeiro é tão alto que é muito mais excelente buscá-lo sempre, do que vez por outra encontrá-lo. É necessário, disse Trigésio, que aquela definição me socorra em minha premência. Essa portanto, te pareceu defeituosa, porque buscava incluir quem não podemos chamar de sábio. Mas te peço se aprovas que definamos a sabedoria como ciência das coisas humanas e divinas, mas daquelas coisas que pertencem à vida feliz. Aquele respondeu: Também esta é sabedoria, mas não só esta. E uma vez que a definição superior implica algo de estranho, esta abandonou o que é próprio, sendo que aquela pode ser acusada de avareza, e esta de estultícia. E, para explicitar minha opinião sobre esse assunto com uma definição, digo que a sabedoria parece-me ser a ciência das coisas humanas e divinas que pertencem à vida feliz, mas também o inquirir diligente de tais coisas. E se quiseres desmembrar essa descrição, a primeira parte referida pela ciência diz respeito a Deus. Mas esta parte que vem implicada no inquirir diz respeito aos homens. Aquela diz respeito à felicidade de Deus; esta, à felicidade do homem. Me admira, disse o outro, que teu sábio, como admites, se esforce em vão. Como se esforça em vão, disse Licêncio, quando pesquisa com tantas recompensas? Pois é sábio justamente por que busca, e aquilo que o faz sábio o torna feliz, afasta o quanto pode a mente das aparências corpóreas, recolhendo-se em seu interior. E não permite ser dilacerado pelos prazeres, mas dedica-se sempre tranquilo a si mesmo e a Deus, para que, também aqui, frua pela razão daquilo que acima convencionamos chamar de vida feliz; e quando soar para ele sua hora extrema, vamos encontrá-lo preparado para receber aquilo que desejou, fruindo merecidamente da beatitude divina, quem já havia fruído antecipadamente da beatitude humana.

Recapitulação das afirmações (9,24-25)
Agostinho explicita toda a disputa com poucas palavras

9.24 E uma vez que Trigésio procurava, com bastante morosidade, o que deveria responder, intervim dizendo: Licêncio, não julgo que faltarão argumentos a Trigésio, se lhes dermos tempo livre para buscar os mesmos. O que ele deixou de responder, pois, em qualquer parte da discussão? E quando surgiu a questão sobre a vida feliz, ele foi o primeiro a sustentar que apenas o sábio é necessariamente feliz, porquanto a estultícia é considerada miserável, inclusive no julgar dos estultos. Defendeu que o sábio deve ser perfeito, mas quem ainda inquire o que seja o verdadeiro não é perfeito nem tampouco feliz. Nesse ponto, o confrontaste com o peso da autoridade, e ele, modestamente, muito embora um tanto perturbado com o nome de Cícero, tratou de se reerguer logo, e com certa obstinação generosa ergueu-se para o cume da liberdade, e retomou novamente aquilo que lhe havia sido arrebatado violentamente das mãos. Ele te perguntou se te parecia ser perfeito aquele que ainda está na busca. De modo que, se admitisses não ser perfeito, retornaria ao começo e demonstraria, na medida de suas forças, através daquela definição, que é perfeito o homem que governa sua vida segundo a lei da mente, e por isso mesmo, não pode ser feliz, a não ser o que é perfeito. Desse laço te escapastes com maior astúcia do que eu imaginava, e disseste que o homem perfeito é o que inquire com extrema diligência pela verdade; combateste de forma presunçosa e aberta, com base naquela mesma definição pela qual afirmávamos por último que a vida feliz é aquela vida que age de acordo com a razão. Ele te respondeu claramente, tomou posse de teu posicionamento, e então, rechaçado, terias perdido completamente a disputa se não tivesses sido recuperado pela trégua estabelecida. Onde posicionam sua fortaleza os acadêmicos, cuja opinião defendes, a não ser na definição do erro? E se por acaso, no sonho, à noite retornasse à tua mente aquilo a que antes tu não sabias o que responder, o que tu próprio já havias recordado, anteriormente, ao expores a opinião do próprio Cícero.

Por fim, chegou-se à definição da sabedoria. Tu te empenhastes com tanta astúcia em minar essa definição, que talvez nem sequer teu próprio auxiliar, Albicério, pudesse compreender teus ardis. Mas com quanta vigilância e com quanto vigor ele resistiu? E ele já teria te envolvido e derrubado se por fim não te defendesses apelando para uma nova definição de sabedoria, a saber, que a sabedoria humana é o inquirir a verdade; e a vida feliz dependeria dessa sabedoria, em vista da tranquilidade do espírito. E ele não responderá a esse argumento, sobretudo se ele solicitar que lhe seja concedida a graça de prorrogar o dia ou a parte que resta do mesmo.

Elogio aos que discutiram

9.25 Mas não prolonguemos essa discussão, se for de vosso agrado, estando já encerrado esse nosso diálogo no qual julgo seria supérfluo demorar-nos. Para o tema proposto e que nos ocupou, a questão já foi suficientemente tratada. E após bem poucas palavras poderia encerrar aqui, a não ser que eu quisesse explorar-vos exercitando vossa capacidade e vossos esforços, coisa que me é muito cara. Pois, quando decidi a vos exortar para que buscásseis com muito empenho a verdade, também comecei a examinar em vós qual seria vosso empenho de tempo para tal. Mas todos vós empenhastes tanto interesse, que mais não posso desejar. E, uma vez que queremos ser felizes, isso não poderá acontecer a não ser que se encontre a verdade ou que se busque a mesma diligentemente. Se quisermos ser felizes, tendo colocado de lado todas as demais coisas, devemos buscar a verdade até o fim. De modo que, como disse, terminemos essa disputa, e registrando-a por escrito, oh! Licêncio, vamos remetê-la sobretudo a teu pai, de quem conheço já o interesse pela filosofia. Mas ainda busco a oportunidade para que ele adira à mesma. Ele poderá entusiasmar-se intensamente com esses estudos, sabendo, não apenas por ouvir dizer, mas também lendo esse nosso diálogo, que tu próprio estás empenhado comigo nesta forma de vida. Mas tu, se te agradam os acadêmicos, sugiro que reanimes as tuas forças para defendê-los, visto que decidi acusá-los. E tendo dito isso foi anunciado que a refeição estava pronta, e nos levantamos.

LIVRO SEGUNDO
ALÍPIO DISCURSOU SOBRE AS COISAS QUE AGRADAM AOS ACADÊMICOS

Romaniano é exortado novamente à sabedoria (1,1-3,9)

O entorpecimento e a indolência tornaram as armas dos acadêmicos invencíveis

1.1 Se é necessário que ao sábio não pode faltar a disciplina e a ciência da sabedoria, do mesmo modo que é necessário que a encontre quando a busca, certamente toda a trapaça, pertinácia, toda obstinação ou, como julgo por vezes, a razão congruente àqueles tempos, teriam sido enterradas junto com a mesma época e com o próprio corpo de *Carnéades* e Cícero. E visto que por causa dos muitos e variados abalos desta vida, ó Romaniano, como tu próprio os experimentas, ou por certo estupor do espírito, ou pela indolência ou lentidão e entorpecimento ou por desesperar de encontrar o que se busca, visto que a estrela da sabedoria não surge tão facilmente para as mentes como se dá facilmente a luz para os olhos, ou ainda por causa de um erro comum a todos os povos, qual seja, ter uma falsa opinião de ter encontrado para si a verdade, os homens não procuram com diligência, se é que procuram, e nem se dirigem com vontade decidida para aquilo que é buscado; por causa disso acontece que bem poucas pessoas alcancem a ciência e isso muito raramente. Acontece, também, que as armas dos acadêmicos – quando se vêm a encontrar-se com eles, que não são homens medíocres, mas agudos e bastante eruditos – parecem ser invencíveis e como que forjadas por Vulcano. Essa é a razão por que, contra aquelas ondas e procelas da fortuna, deve-se resistir com os remos de toda e qualquer virtude, e primordialmente se deve implorar o auxílio divino com toda devoção e piedade, a fim de que a intenção constante de se estudarem esses bens mantenha seu curso. Para que essa intenção não seja abatida por nenhuma casualidade, para que alcance o porto seguríssimo e dulcíssimo da filosofia. Essa é tua causa primordial, por causa disso nutro temor por ti, disso desejo que te libertes, e por isso, se sou digno de intervir em teu favor, não cesso de orar diariamente fazendo votos que sejas favorecido por ventos prósperos; mas oro pela própria virtude e sabedoria do sumo Deus (cf. 1Cor 1,24). Não é esse Filho de Deus que nos transmite, pois, os mistérios da fé?

Romaniano com sua capacidade para a virtude

1.2 Mas muito ajudarão as preces que faço por ti, se não desesperares confiando que podemos ser ouvidos e atendidos, e te esforçares conosco não só com o desejo, mas também com o empenho da vontade, e com a elevação natural de tua mente, pela qual te quero bem, na qual me comprazo singularmente, a qual sempre admiro, e que em ti, ó lástima, se encontra encoberta, como um relâmpago por trás daquelas nuvens das preocupações domésticas, estando oculta a muitos para não dizer praticamente de todos. Mas não pode ocultar-se a mim e a um ou outro de teus amigos mais próximos, que ouvimos atenta e seguidamente não só murmúrios teus, mas também vimos alguns fulgores mais próximos aos raios. Por ora, vou calar-me sobre o restante e apenas recordo uma única coisa; quem jamais fez troar tão repentinamente o trovão, emitindo tanta luminosidade da mente, para, através de um frêmito da razão e com certo resplendor da temperança, fez esmorecer num dia, de véspera, por inteiro aquele animal selvagem da libido. Mas será que alguma vez não irá irromper essa virtude, convertendo o riso de tantos incrédulos em horror e estupefação, e tendo-se manifestado aqui na terra como que munida de certos signos do futuro, novamente tendo lançado de si todo peso corpóreo não retornará aos céus? Será que Agostinho expressou essas coisas em vão a respeito de Romaniano? Que aquele a quem tanto empenho dediquei, quem agora comecei a conhecer um tanto melhor, não permita que tal coisa aconteça!

Atitude de liberalidade de Romaniano para com Agostinho

2.3 Aplica-te junto comigo, portanto, à filosofia, nisso está tudo que às vezes costuma te mover maravilhosamente para a ansiedade e também para as dúvidas. Não temo tua preguiça moral nem a lentidão de teu engenho. E quando te é concedido algum tempo para respirar, quem mais do que tu manteve sua atenção ligada aos nossos discursos? Quem se mostrou mais agudo do que tu? Como não iria eu retribuir-te essa generosidade? Ou será que é pouco o que te devo? Quando eu era jovem, pobre e peregrino, seguindo meus estudos, me acolhestes em tua casa, subvencionando meus estudos e apoiando meu espírito. Quando fui privado de meu pai, me consolaste com tua amizade, me animaste com tuas exortações e me ajudaste com teus bens. Com teu favor, tua familiaridade e, acolhendo-me em tua casa, como se fosse minha casa, praticamente me fizestes tão ilustre como tu próprio e tornei-me um dos primeiros em nosso município como tu. E quanto retornei para Cartago, buscando uma profissão mais ilustre, partilhei contigo apenas e com nenhum dos meus meu projeto e minha esperança, muito embora tenhas hesitado um tanto por causa do amor implantado em ti de tua pátria, onde eu já lecionava; não pudestes suplantar o desejo de um jovem, que buscava aquilo que lhe parecia ser melhor, e então, com maravilhosa moderação de benevolência, em vez de buscares me dissuadir, começaste a me dar apoio e ajuda. Provestes minha caminhada com todas as coisas necessárias. Tu que sustentaste o berço e por assim dizer o ninho de meus estudos, continuaste a sustentar minhas tentativas ousadas de alçar voo. E quando estavas ausente e sem o saberes singrei os mares (rumo à Itália), eu que costumava partilhar contigo tudo que comigo acontecia; suspeitaste de qualquer outra coisa, menos de que se tratava de teimosia de minha parte, e te mantiveste absolutamente firme em tua amizade; não consideraste esse gesto como um mestre que abandona seus filhos, mas antes como provindo do anseio profundo e da pureza de nossa mente.

Romaniano, servo de Deus

2.4 E por fim, ora que desfruto de meu ócio, que me desvinculei dos liames dos desejos supérfluos, tendo deposto as preocupações dos encargos mortais, ora que respiro, me reanimo, e me recolho dentro de mim, ora que busco intensamente a verdade, que começo já a encontrá-la, que confio estar próximo a alcançar essa suma medida, foste tu quem me animaste, me impulsionaste, e fizeste com que isso se realizasse. Mas o que me fez ver que foste instrumento disso tudo foi muito mais a concepção da fé do que a compreensão racional. Pois, quando em tua presença, te expus as motivações mais íntimas de meu espírito, assegurei-te de forma veemente e muitas vezes que, para mim, não haveria outra sorte próspera, a não ser a dedicação total ao ócio do filosofar; que não haveria nenhuma vida feliz a não ser aquela que se vive na filosofia. Todavia, te expus ainda que me sentia responsável pelos meus, que sua vida dependia do exercício de minha profissão, e de muitas outras necessidades, ou da vergonha ou da inconveniência de constranger os meus parentes à miséria. Então tu te levantaste grandioso e cheio de alegria, inflamado de ardor santo dessa vida, de modo a afirmares que se de algum modo te livrasses dos vínculos daquelas lides importunas, romperias com as mesmas vindo juntar-te a mim, fazendo-me participar ainda de teu patrimônio.

Leitura dos livros dos platônicos e de Paulo

2.5 Assim, depois de teres incitado nosso ardor, quando partiste, jamais cessamos de suspirar pela filosofia nem sequer por aquela vida que nos agrada e que convém, e em nada mais pensávamos a não ser nisso. E era o que realmente fazíamos constantemente, porém não com demasiada agrura. Mas julgávamos que esse modo de agir era suficiente. E como ainda não se fazia presente aquela suma chama que nos haveria de arrebatar, pensávamos não haver chama maior que aquela que nos aquecia lentamente. E eis que alguns livros plenos, como disse Celsino, exalaram sobre nós um perfume arábico, instilando algumas pouquíssimas gotas de unguento preciosíssimo sobre aquela chamazinha. E provocaram em mim um incêndio inacreditável. Inacreditável, ó Romaniano, sim, muito além do que talvez inclusive tu próprio poderias de mim supor; que mais posso dizer? Inacreditável inclusive para mim mesmo. Como poderiam ainda comover-me as honras, a pompa humana, os desejos da vanglória, ou finalmente qualquer incentivo ou amarra dessa vida mortal? Retornava correndo inteiramente para dentro de mim mesmo. Todavia, olhei de relance, confesso, para aquela via que leva à religião que nos foi inculcada em nossa infância e nos havia sido inserida profundamente em nosso ânimo. Muito embora sem sabê-lo, sentia-me arrebatado por ela. Assim, titubeando, com certa sofreguidão, mas hesitando, acabei lançando mão da leitura do Apóstolo Paulo. Mas certamente esses não teriam realizado tantas façanhas e vivido de tal modo como é manifesto que eles assim viviam, se suas cartas e argumentos se contrapusessem a um bem tão grande. Li de cabo a rabo todas as epístolas com intensidade e muito zelo.

As virtudes dos antigos são adornadas com certo resplendor

2.6 Assim, por pouco que essa luz tivesse já se difundido, abriu o rosto radiante da filosofia, que teria podido demonstrar se não a ti, que sempre ardestes faminto dessa desconhecida, pelo menos ao teu próprio adversário, que não sei se é para ti mais um estímulo ou um empecilho. Então, ele mesmo afastando-se e abandonando as piscinas, os pomares amenos, os banquetes delicados e suntuosos, os histriões domésticos e finalmente tudo de chamativo e tudo que é delicioso e que lhe servia de motivação, tornando-se um amante terno e santo. Alçou voo para ela e, com ardor, admirando-a e anelando-a. Mas ele também, é preciso confessar, possui certo decoro de espírito, ou antes como que um gérmen de decoro, que busca irromper para dentro da verdadeira beleza, o qual ramifica tortuoso e deformadamente entre a aspereza dos vícios, e entre os sarças das opiniões falaciosas. Todavia não cessa de frondejar e de destacar-se o quanto lhe é permitido para mostrar-se aos poucos que conseguem vislumbrar aguda e diligentemente para dentro de sua densa folhagem. Daí provem aquela hospitalidade, daí toda condimentação humana nos banquetes, daí a própria elegância, o esplendor, a face de polimento de todas as suas coisas, espalhando em tudo e por todos os lugares os bons modos e uma elegância discreta.

Se o amor à beleza corpórea conduz para a sabedoria

3.7 Esta é chamada vulgarmente de *filocália*. Não desprezes esse nome que provém de um nome vulgar, pois filocália e filosofia são quase sinônimos, tão próximas e familiares querem ser entre si e realmente o são. O que é, portanto, a filosofia? Amor à sabedoria. O que é filocália? Amor à beleza. Pergunta aos gregos, o que é, portanto, sabedoria? Não é ela a verdadeira beleza? As duas são, portanto, irmãs e procriadas pelo mesmo progenitor. Essa, rebaixada de seu céu por causa do visco de seus prazeres, e trancada no fosso do vulgo, conservou todavia uma certa vizinhança de nome com aquela, como para avisar aos que dela lançam mão para não desprezá-la. Essa sua irmã, a filosofia, voando livremente, reconhece àquela, sem penas, sórdida e mergulhada na carência, mas raramente a liberta, pois não é a filocália que reconhece para onde conduz a origem, mas sim a filosofia. Licêncio poderá apontar-te em versos harmoniosos toda essa fábula (pois, de súbito, sinto ter-me convertido em Esopo), pois ele é um poeta praticamente perfeito. Aquele teu adversário, portanto, se pudesse contemplar por pouco que seja com olhos sadios e desnudos a verdadeira beleza, ele que ama a falsa beleza, com que voluptuosidade acabaria se dedicando ao seio da filosofia. E conhecendo-te ali, como ele te abraçaria, como um verdadeiro irmão! Te admiras disso, e talvez rias também. Quanto mais se eu to explicasse como gostaria! E se pelo menos pudesses ouvir sua voz, já que ainda não podes contemplar a face da filosofia? Ficarias certamente admirado. Mas não irias rir nem desesperar-te. Creia-me, de ninguém devemos deixar de confiar, e muito menos de tais sujeitos. Há uma infinidade de exemplos. Esse tipo de pássaros facilmente escapa, facilmente levanta voo, para grande admiração de muitos que permanecem presos.

Se não tens esperança ou julgas antecipadamente criarás empecilhos para que encontres a verdade

3.8 Todavia, retornemos junto de nós, ó Romaniano, e filosofemos; renovo meu agradecimento; teu filho já começou a filosofar; De minha parte, repreendo tal atitude, pois é preciso que antes ele cresça mais vigoroso e firme, fortalecido pelo cultivo das disciplinas necessárias, a fim de que também tu não temas estar delas desprovido, se bem te conheço, desejando-te assim que alcances os ventos da liberdade. Pois, o que direi de tua índole? Oxalá, essa índole não fosse tão rara de encontrar entre os homens, como pode ser encontrada em ti! Restam ainda dois vícios e empecilhos para encontrar a verdade, dos quais, no teu caso, não me preocupam muito. Mas temo que possas te desprezares, e que desesperes de encontrá-la, ou que creias já tê-la encontrado. O primeiro desses dois defeitos, se é que existe, talvez possa dissipar-se para ti com essa discussão. Com frequência, te sublevaste contra os acadêmicos, com uma gravidade maior do que era tua própria erudição, mas com tanto mais satisfação, por estares encantado pelo amor à verdade. Assim, vou entabular discussão com Alípio, teu defensor, e vou persuadir-te facilmente, ou pelo menos presumo a probabilidade de persuadir-te sobre aquilo que tenho em mente. Isso porque não verás o verdadeiro, ele mesmo, a não ser que entres inteiramente na filosofia. Aquele outro empecilho, pelo qual presumes talvez já ter encontrado algo, muito embora já tenhas te afastado de nós, questionando e duvidando, e se por acaso algum resto de superstição retornar ao teu espírito, certamente será lançado fora quando eu te remeter alguma discussão que fizemos entre nós sobre a religião, ou quando eu estiver contigo e puder conversar sobre muitas coisas.

Não encontras a não ser que procures retamente

3.9 Mas eu, agora, nada mais faço que purificar a mim mesmo de opiniões vãs e perniciosas. Desse modo, não duvido que meu estado atual é melhor do que o teu. Mas apenas de uma coisa invejo, pois, a tua sorte, que gozes apenas tu da amizade do meu Luciliano. Será que ficas com inveja que eu o chame de "meu"? Mas o que terei dito a não ser que é teu e de todos nós, que somos uma unidade? Mas o que vou solicitar-te para que venhas em socorro de um desejo meu? Ou então será que te presto algum favor? Sabes tudo isso porque é de dever. Mas agora digo aos dois, precavei-vos de imaginardes saber alguma coisa se não tiverdes aprendido, pelo menos como sabeis que a sequência de um, dois, três e quatro, acrescidos, resultam na soma de dez. Mas precavei-vos igualmente que pela filosofia possais ou não possais conhecer a verdade, ou de julgardes que de modo algum essa possa ser conhecida. Crede, pois, em mim, ou preferentemente naquele que disse: *buscai e encontrareis* (Mt 7,7), pois não se deve deixar de confiar que se poderá conhecer a verdade ou que ela se manifestará com mais clareza do que são aqueles números que mencionamos. Voltemo-nos agora ao nosso propósito. Já um tanto tarde, portanto, começo a temer que essa minha introdução poderia ter ultrapassado a medida, o que é algo grave. Isso porque a medida é, fora de dúvidas, algo divino. Mas quando ela nos conduz com doçura pode nos induzir ao erro, e por isso serei mais precavido quando for sábio.

Quais são as coisas que agradam aos novos acadêmicos

Quais são as coisas que Licêncio e Trigésio já haviam esclarecido

4.10 Após a última discussão, recolhida no primeiro livro, tiramos um tempo livre por sete dias, muito embora tenhamos nos dedicado por três dias, depois do primeiro, a analisar os três livros de Virgílio, para tratar dos mesmos num momento em que se mostrasse mais oportuno. Embora Licêncio seja tão inflamado na ocupação com o estudo da poética, que me vejo forçado a reprimir um tanto seu ímpeto. Ele não gosta de ser desviado dessa sua ocupação por nenhuma outra coisa. Finalmente, aceitou de boa vontade que retomássemos a questão dos acadêmicos que havíamos adiado, quando comecei, na medida de minhas forças, a elogiar a luz da filosofia. E é bem possível que tenha se aberto um dia tão sereno que nos parecia que nenhuma outra coisa poderia ser mais conveniente fazermos do que serenar os nossos espíritos. Deixamos os nossos leitos mais cedo do que de costume e nos ocupamos apenas um pouco com os operários do campo, pois o tempo urgia. Então Alípio deu início dizendo: Antes de ouvir vossa discussão sobre os acadêmicos, gostaria que lêsseis para mim aquela discussão que dissestes haver feito quando eu estava ausente. Isso porque, visto a presente discussão ter surgido daquela disputa, eu poderia incorrer em erro ou pelo menos encontrar dificuldades ao vos escutar. Atendendo ao seu pedido, e gastando para isso quase todo o tempo antes do meio-dia, deixando de lado o passeio que nos ocupava, decidimos retornar a casa. Licêncio disse: Peço que, antes de almoçarmos, se não te for incômodo, possas repetir expondo brevemente toda a argumentação dos acadêmicos, para que eu nada perca do que poderá favorecer-me. Faço-o, disse eu, ainda com mais prazer para que, enquanto pensas nessas questões, sejas mais sóbrio na comida. Não tenhas certeza disso, retrucou ele, pois acontece que muitos, e sobretudo meu próprio pai, via de regra, é visto mais faminto quando se vê mais envolvido com preocupações. Ademais, quando estou envolto em pensar sobre essa métrica, tu próprio já não tens experiência de que, pelas minhas preocupações, está assegurado meu apetite à mesa? Isso é coisa de que costumo admirar-me, eu mesmo, o que significa, pois, que nosso apetite pelos alimentos se torna mais voraz quando ocupamos nosso espírito com alguma outra coisa? E o que é que faz nosso espírito exercer seu poderio sobre nossas mãos e nossos dentes, quando estamos ocupados? Prefiro que ouças agora, intervim eu, o que pedistes em relação aos acadêmicos para que, envolvido em tua métrica, não tenha de suportar apenas tua falta de medida quanto à comida mas também nas questões que discutiremos. E se alguma coisa me escapar na exposição, Alípio irá expô-lo. Isso é questão de boa-fé de tua parte, disse Alípio, pois se é temerário que te venha a escapar alguma coisa, julgo ser difícil que seja surpreendido por mim aquele que me ensinou tais coisas, e ninguém que me conhece ignora esse fato, sobretudo porque ao revelar o verdadeiro deves consultar mais teu ânimo do que a busca da vitória.

Aos acadêmicos não agrada dar assentimento a nada

5.11 Vou agir de boa-fé para contigo, disse eu, pois tens o direito de me exigir isso. Isso porque também aos acadêmicos agrada a tese de que o homem pode conseguir, quando muito, a ciência daquelas coisas que pertencem à filosofia. O próprio Carnéades negava-se a preocupar com as demais coisas. E, muito embora o homem possa ser sábio, todo o ofício do sábio, como tu mesmo explicaste naquele discurso que fizeste, deve ser desenvolvido na aquisição do verdadeiro. A partir disso, é preciso admitir que o sábio não dá seu assentimento a coisa alguma, pois erra necessariamente se assentir a coisas incertas, o que é nefasto para o sábio. Os acadêmicos não só diziam que tudo é incerto, mas também fundamentavam essa tese com uma infinidade de argumentações. Consideravam, porém, que o verdadeiro não pode ser compreendido, e deduziam isso a partir daquela definição do estoico Zenão. Este afirmou que pode ser percebido como verdadeiro aquilo que está de tal modo impresso na alma a partir daquilo donde é, que não pode ser a partir de onde não é. O que pode ser expresso de forma mais breve e mais clara do seguinte modo: o verdadeiro pode ser compreendido por aquelas características que não pode ter aquilo que é falso. E eles se empenharam com ardor a convencer de que essas características não podem ser encontradas. De onde, na defesa de sua causa, proliferaram as dissenções entre os filósofos, os engodos dos sentidos, os sonhos e alucinações, as falácias e sorites. E, desse modo, tendo compreendido a partir do próprio Zenão que nada há de mais torpe que emitir opiniões, estabeleceram habilmente que, se nada se pode perceber e se a opinião é algo extremamente torpe, o sábio jamais deveria aprovar opinião alguma.

Agrada aos acadêmicos a tese de que se pode empreender qualquer coisa se se deduzir ser provável

5.12 Com isso, conseguiram atrair para si grande hostilidade, visto parecer ser coerente a afirmação de que aquele que nada aprova nada faz. A partir disso os acadêmicos imaginavam assim descrever seu sábio. Eram de opinião de que nada se devesse aprovar, como alguém que está sempre adormecido, descurando de todos seus encargos. Nesse sentido, eles introduziram certa teoria do provável, o que eles chamavam também de verossímil, e afirmavam que de modo algum o sábio deixa de exercer seus encargos, visto ter o que seguir. Mas seja por causa de certa obscuridade da natureza ou por causa da semelhança das coisas, a verdade estaria escondida, recoberta ou confusa. Afirmavam também que essa retenção ou como que suspensão do assentimento se constituía na grande ação do sábio. Parece-me, então, ó Alípio, ter exposto tudo conforme querias e nada ter me afastado do que me solicitaste, ou seja, agi, como foi dito, de boa-fé. Se eu disse ou talvez deixei de dizer alguma coisa como é de fato, isso não se deve a minha vontade. Portanto, o que eu disse é de boa-fé, a partir do que concebo em meu espírito. É evidente, pois, que o homem enganoso deve ser educado, e que é preciso precaver-se do falaz. Desses, o primeiro exige um bom mestre, e o segundo um discípulo cauteloso.

Alípio é exortado a expor as origens da nova academia

5.13 Então Alípio disse: Agradeço a ti, visto que também Licêncio ficou satisfeito com tua exposição, e me relevaste de algo que pesava sobre mim. Isso porque seria de temer muito mais se omitisses de dizer algo, a fim de explorar minha questão (pois, que outra razão poderia haver para isso?), do que, de minha parte, se fosse necessário que eu pudesse trazer alguma contribuição para ti, em alguma coisa. Essa é a razão por que te peço que não te aborreças de expor o que falta ainda da diferença entre a nova e a velha academia, não tanto em vista da pergunta, quanto em função de quem pergunta. Confesso que isso me é algo molesto, disse eu.

Disse eu: Me farias um favor, então (pois não posso negar que isso que recordas pertence maximamente à questão em debate), enquanto me restabeleço um pouco, se quiseres, distinguir para mim essa nomenclatura e explicitar a natureza da nova academia.

Respondeu Alípio: Creio que pensas em distrair-me também eu da refeição, se não considerasse teres sido impedido já por Licêncio por mais tempo, com seu pedido para que se lhes explicasses antes mesmo da refeição tudo que fazia parte desse emaranhado. E ao começar a expor o que faltava, nossa mãe (pois estávamos já em casa) começou a nos empurrar para a mesa, a fim de que encerrássemos nosso discurso.

Arquesilas fundou a academia média

6.14 Então nos servimos de alimentos suficientes para suprir nossa fome e logo regressamos ao nosso prato, e Alípio disse: Aceito o que propões e não ouso recusar. E se nada me passar despercebido vou agradecer por isso ao teu ensinamento e também à minha memória. Todavia se alguma coisa eu me enganar, favor complementar para que de ora em diante eu não mais tema esse tipo de delegação. A cisão da nova academia, me parece, não se deu tanto motivada contra a velha academia mas antes contra os estoicos. Nem se deve considerar que se trata de uma cisão, porquanto tratava-se de resolver e destruir uma questão nova, levantada por Zenão. Isso porque a tese da não percepção da verdade, muito embora não fosse alvo de muitos conflitos, vindo a habitar a mente dos antigos acadêmicos, não foi julgada como algo inadvertido. E isso pode ser facilmente comprovado também pela autoridade do próprio Sócrates e de Platão e dos demais filósofos antigos, que acreditavam defender-se do erro enquanto não dessem seu assentimento, temerariamente. Todavia, eles não introduziram a discussão desse tema em suas escolas, tampouco se questionaram, vez por outra, claramente se é possível se perceber a verdade ou não. Mas quando Zenão lançou bruscamente essa nova questão, defendendo que nada pode ser percebido, senão o que é de tal modo verdadeiro que se possa discernir o verdadeiro do falso por suas notas dessemelhantes, e que o sábio não deveria abraçar opiniões. Ao ouvir falar dessa tese, Arquesilas negou que tal tipo de coisa pudesse ser descoberta pelo homem e que a vida do sábio não deveria ser votada àquele naufrágio da opinião. A partir de onde também concluiu que não se deve assentir a coisa alguma.

Foi Antíoco de Ascalona quem introduziu a cisão na academia

6.15 Sendo assim, visto que a antiga academia se via mais robustecida do que combatida, apareceu então um tal de Antíoco, seguidor de Fílon, que, segundo parece a muitos, estava mais desejoso de glória do que de verdade, e criou uma controvérsia entre as opiniões das duas academias. Afirmava que os novos acadêmicos tentavam introduzir uma opinião insólita, muito distanciada da opinião dos antigos. E para essa empreitada, lançava mão da fé dos antigos físicos e de outros grandes filósofos, combatendo também os próprios acadêmicos que se empenhavam em seguir o que é verossímil quando confessavam ignorar o próprio verdadeiro. E juntava para isso uma infinidade de argumentos, os quais julgo que no momento devamos deixar de lado. Todavia, ele nada mais defendia do que o fato de que o sábio tem capacidade para perceber a verdade. Julgo que essa tenha sido a controvérsia entre os novos e os antigos acadêmicos. Se as coisas forem diferentes, então, que tu mesmo trates de complementar informando a Licêncio, e peço isso por ambos. Se o que eu pude dizer é verdadeiro, então que se inicie a discussão entabulada.

Inquire-se o que seja o verossímil e o provável (7,16-13,30)
Licêncio tem noção de que não deve defender os acadêmicos...

7.16 Então eu retomei a palavra. Até quando, ó Licêncio, manterás a trégua nessa nossa discussão, que já se estende mais do que eu imaginava? Ouviste quem são os acadêmicos, teus partidários? Sorrindo para aquele, envergonhado e um tanto mais perturbado por essa interpelação disse ele: Me arrependo de ter afirmado com tanta força contra Trigésio que a vida feliz consistiria em inquirir pela verdade. Pois essa questão me perturba de tal modo que se não chego a ser um miserável, seguramente para vós, se tendes um pouco de humanidade, devo parecer digno de lástima. Mas por que estou me atormentando como um retardado? Ou por que me atormento se estou bem-calçado por tão boa causa? Portanto, só vou render-me à verdade. Te agradam os novos acadêmicos, perguntei então? Muito, disse ele. Portanto, em tua opinião eles dizem o que é verdadeiro. Mas quando ele estava para assentir a essa ideia, vendo que Alípio já começava a sorrir, ficou um tanto mais precavido e hesitante. Depois, disse: Repita a questãozinha. Não te parece que os acadêmicos dizem a verdade? E novamente, calando-se por mais tempo, disse então: Se é verdadeiro, não sei, mas seguramente é provável. E não vejo nada que eu deva buscar mais que isso. Não sabes que o termo *provável* recebe seu nome também do próprio *verossímil*? Assim parece, disse ele. Portanto, repeti, o verossímil é a tese dos acadêmicos? Assim é, disse. Pergunto então, disse eu, presta mais atenção. Se alguém afirma que o rosto de teu irmão é semelhante ao de teu pai, mas não conhece teu pai, ele mesmo, não te parece ser ele insano ou retardado? E aqui ele se calou por longo tempo. Depois disse: Isso não me parece ser uma coisa absurda.

Deleita-se nos espetáculos...

7.17 Mas no momento em que eu me dispunha a responder, ele disse: Espera um instante, por favor. E depois, sorrindo, disse: Diga-me, te peço, se já não estás seguro da vitória? Então eu retruquei: Admitamos que minha vitória seja certa, nem por isso deves desistir de tua causa, sobretudo por que essa discussão que se levantou entre nós foi para te exercitar e para eliminar o espírito de mútua provocação. Por acaso eu li os acadêmicos, disse ele, ou sou sabedor de todas as disciplinas com as quais estás instruído com que vens ao meu encontro? Tampouco leram os acadêmicos, disse eu, aqueles que defenderam por primeiro essa opinião. Todavia, se te sentes privado de muita erudição e de disciplinas, seguramente isso não deve chegar ao ponto de invalidar teu espírito de modo que sucumbas sem qualquer reação ao ímpeto de pouquíssimas palavras e pedidos meus. Já começo a temer que sejas substituído por Alípio mais cedo do que eu queria; com esse adversário já não mais poderei caminhar tão seguro. Oxalá, disse ele, eu já esteja realmente vencido para que possa ouvir e, para dizer mais, para que eu possa ver, pelo menos uma vez, que vos confrontais. Com esse espetáculo não poderíeis me oferecer nada de mais agradável. Uma vez que vos agrada mais recolher do que derramar essas coisas, porquanto recolheis por escrito o que prorrompe da boca para que, como se diz, não se permita que nada se *derrame por terra* (TERÊNCIO. *Heaut.*, 242). Nos será permitido, portanto, ler o que registrais; mas não sei como, o espírito seguramente se alegra muito mais quando se tem sob os olhos aqueles mesmos que entre si disputam, a própria discussão, mesmo que esta não seja mais útil.

...é moderado por Agostinho

7.18 Agradecemos, disse eu, mas esses teus motivos de alegria repentina forçaram temerariamente a evasão daquele pensamento pelo qual dissestes que não se poderia exibir melhor espetáculo para te fazer mais feliz. Mas, suponhamos que visses teu pai questionando e discutindo conosco sobre isso, a quem certamente ninguém superaria no ardor para sorver da filosofia após tão longa sede. E visto que para mim não haveria fortuna melhor, o que, por fim, imaginas que poderias sentir ou dizer? Mas nesse ponto ele começou a chorar, e quanto retomou a fala, estendeu a mão aos céus e exclamou: E quando será que eu, meu Deus, poderei ver tal coisa? Mas de ti pode-se esperar tudo. E aqui, esquecendo a intenção da discussão, quase todos começaram a chorar, e eu, lutando comigo mesmo para me concentrar um pouco, disse: Reanima-te e fortalece tuas forças, pois bem antes eu já havia te admoestado para que te prepares como podes como futuro defensor da academia. Não creio que *antes de soar a trombeta já comecem a tremer teus ossos* (VIRGÍLIO, 11,424); ou então que, pelo desejo de assistires lutas alheias, desejes tornar-te cativo tão cedo. Nesse ponto, Trigésio, vendo já com satisfação nossos rostos serenados, disse: E por que Deus não concederia a esse homem tão santo, mesmo antes de pedi-lo, isso que ele deseja? Creia, pois Licêncio, uma vez que não encontras o que responder e ainda desejas ser vencido, parece-me um homem *de pouca fé* (Mt 6,30; 8,26). Todos rimos. Então Licêncio disse: Fala tu, homem feliz, não encontrando o verdadeiro, mas seguramente não o buscando.

Se alguém que não conhece uma pessoa conhece aquele que lhe é semelhante

7.19 Todos nós ficamos de alegria, rindo como garotos. Se puderes, disse eu, retoma o caminho com mais firmeza e valentia e presta atenção ao pedido que te fazemos. Estou aqui presente, na medida de minhas forças, disse ele. E se aquele que viu o rosto de meu irmão e sabe de ouvir dizer que é semelhante ao rosto de meu pai, se ele crê nisso, poderá ser considerado insano ou retardado? Eu disse, pelo menos não pode ser chamado de estulto? Não necessariamente, disse ele, a não ser que porfie afirmando saber tal coisa. Pois se afirma ser provável aquilo que se propaga pela fama que continua a se espalhar, não pode ser acusado de nenhuma temeridade. Então eu retomei: Consideremos por um pouco de tempo essa questão, colocando-a como que diante de nossos olhos. Suponhamos que está aqui presente aquele não sei qual homem que descrevemos anteriormente. Surge de alguma parte de repente teu irmão, e diz: Quem é o pai deste filho? E lhe respondem: Trata-se de um certo Romaniano. E aquele então diz: Como se parece com seu pai! Com que exatidão me havia sido reportado isso apenas pelo ouvir dizer. Aqui, tu mesmo, ou algum outro diria: Então conheces aquele Romaniano, ó bom homem?! E ele: Não o conheço, muito embora me parece muito semelhante a este homem. Seria possível que alguém não risse de tal situação? De modo algum, disse ele. Portanto, disse eu, podes visualizar o que se segue. Já a vejo há um bom tempo, disse ele, mas quero ouvir essa conclusão de ti, pois é hora de começares a nutrir a quem capturaste. Então eu respondi: Por que não concluiria eu? Essa questão nos força a concluir que devemos rir igualmente de teus acadêmicos, que afirmam seguir na vida a semelhança do verdadeiro, todavia ignoram o que seja esse verdadeiro.

Não concluirás sobre o verossímil se ignoras o verdadeiro

8.20 Então interveio Trigésio: Me parece que a precaução dos acadêmicos é bastante diferente da parvoíce desse de quem narravas acima. Com seus raciocínios, aqueles seguem o que dizem ser o verossímil, mas este seguiu tolamente o rumor do ouvir dizer, cuja autoridade não poderia ser mais desprezível. Eu respondi: Mas de certo modo não poderia ser ainda mais retardado se ele afirmasse que de modo algum conheceu de fato seu pai, tampouco soube de ouvir falar que se parece com ele, e todavia afirmar que eles são semelhantes? Seguramente seria mais retardado, disse ele. Todavia a que se deve tal coisa? Respondi: Porque são do mesmo gênero os que afirmam "de fato não conhecemos o verdadeiro, mas isso que estamos vendo é semelhante àquilo que não conhecemos". E ele: Eles chamam a isso de *provável*. E eu: Como dizes isso? Negas por acaso que eles o chamem de *verossímil*? E ele respondeu: Quis dizer isso para excluir aquela semelhança. Parecia-me que a fama se imiscuísse improbamente em vossa questão, visto que os acadêmicos não creem de fato no que veem os olhos humanos e nas milhares de ideias monstruosas que se propagam no ouvir dizer, como fantasiam os poetas. Mas afinal quem sou eu, em última instância, um defensor da academia? Por acaso estais invejando minha segurança nessa questão? Tens ali a Alípio, cuja chegada, espero, possa nos dar algum descanso, a quem já de há muito julgamos temeres e não em vão.

Alípio dá início ao diálogo

8.21 Depois de um certo silêncio, o olhar de ambos se voltou para Alípio. E ele disse: De fato, gostaria de auxiliar um pouco vossa partilha, na medida em que permitem minhas forças, se não fosse aterrorizado por vosso agouro. Todavia, se a esperança não me desapontar, penso poder fugir com facilidade desse medo. Mas consolo-me ao mesmo tempo em que o atual combatente dos acadêmicos, praticamente assumiu o ônus de Trigésio, já vencido, e agora, segundo vós admitis, é bastante provável sua vitória. Mas o que mais temo é não poder evitar a negligência de deserdar do encargo assumido ou invadir impudentemente o encargo de outro. Não creio que tenhais esquecido que me foi conferido o encargo de juiz. Aqui, Trigésio interveio: Aquilo é uma coisa, isso aqui é outra bem diferente, razão por que te pedimos que, vez por outra, te permitas exonerar-te desse encargo. Não vou recusar isso, disse ele, todavia como gostaria de evitar ser presunçoso ou negligente, também não quero cair na armadilha do orgulho, o mais monstruoso dos vícios, se eu quiser manter por um pouco mais de tempo do que me permitis, a honra que me tendes concedido.

Esse problema não é questão de palavras, mas de vida

9.22 Por isso, ó bom acusador dos acadêmicos, gostaria que me dissesses qual o teu encargo, isto é, na defesa de que causa tu os combates? Temo, pois, que, refutando os acadêmicos, busques tu próprio demonstrar ser um acadêmico. Na minha opinião, disse eu, sabes muito bem haver dois tipos de acusadores. Se foi dito de Cícero, modestamente, que ele se constituía em acusador de Verro, mas ao mesmo tempo defendia os sicilianos, então é de necessidade que também quem quer que busque acusar alguém tenha outro a quem ele defenda. E aquele disse: Pelo menos tens algum fundamento no qual tua opinião já tenha algum respaldo? Respondi: É bem fácil responder a essa pergunta, sobretudo porque não é uma questão inesperada. Tudo isso tenho debatido comigo mesmo e refleti com meu espírito por longo tempo. Por isso, Alípio, ouça aquilo que, pelo que julgo, já sabes: Não quero que essa disputa seja empreendida pelo mero afã de disputa. Basta os ensaios que já fizemos com esses jovens, onde a filosofia se mostrou como que jocosa para conosco. E por essa razão, de nossas mãos nada mais surgiram que fábulas infantis. O que está em questão é a nossa vida, nossos costumes, nosso espírito. Este espírito que confia superar as inimizades de todas as falácias, e tendo compreendido a verdade, retorna como que para sua região de origem, e há de triunfar sobre os prazeres sensíveis; e, tendo adotado a temperança como a um cônjuge, presume ser digno de reinar e retornar com segurança para o céu. Percebes o que estou dizendo? Devemos limpar o caminho de tudo isso: *preparem-se armas para um varão valente* (VIRGÍLIO. *Aen.*, 8, 441); e não há nada que eu sempre deseje menos do que o fato de surgir algo entre pessoas que conviveram entre si por longo tempo, que muito discutiram entre si, que possa trazer como que um novo conflito. Mas por causa da memória, que não se mantém como guardiã fiel dos pensamentos, quis registrar por escrito aquilo que debatemos entre nós constantemente, e, ao mesmo tempo, para que esses jovens aprendam a dar atenção também a esse tipo de questões, e tentem igualmente atacar e sustentar as mesmas questões.

Cada um vê o provável diversamente

9.23 Ora, não sabes então que não tenho ainda nenhuma opinião certa, mas que, buscando essa certeza, tenho sido impedido pelos argumentos e discussões dos acadêmicos? Não sei como criaram no espírito certa probabilidade (isso para não me afastar de seus termos), segundo a qual o homem não pode descobrir o verdadeiro. Eu me havia tornado preguiçoso e totalmente tardo para compreender, e nem sequer ousava buscar aquilo que não era permitido encontrar a homens agudíssimos e doutíssimos. A não ser que primeiro eu tivesse me convencido da possibilidade de encontrar o verdadeiro do mesmo modo que eles estavam convencidos de sua impossibilidade, não ousaria questionar, nem teria nada para defender. Por isso, deixemos de lado essa questão, se for do vosso agrado, e discutamos antes entre nós, o mais sagazmente possível, se por acaso se pode encontrar o verdadeiro. E de minha parte, parece-me já dispor de muitos argumentos para tentar defender uma posição contra os raciocínios dos acadêmicos. Entre eles e mim, no momento, a única diferença é que eles defendem a probabilidade de não se poder encontrar a verdade, e eu defendo a probabilidade de poder encontrá-la. Isso porque, se eles estavam fingindo, o ignorar o verdadeiro era peculiar somente a mim, ou então é certamente algo comum a ambos.

O que é que os acadêmicos gostam de chamar de provável

10.24 Então Alípio disse: Começo a caminhar mais seguro, pois vejo que atuas mais como auxiliar do que como acusador. Portanto, não usemos de delongas, atentemos, peço primeiramente, para que por essa questão, na qual me parece que incidiram os que te precederam, não incorramos na controvérsia das palavras. Já muitas vezes admitimos que tal coisa, como tu mesmo insinuastes e como vem demonstrado pela própria autoridade de Cícero, acaba sendo algo de muito torpe. Se não me engano, quando afirmou Licêncio que aprovava a opinião dos acadêmicos sobre a probabilidade, tu lhes perguntastes se ele sabia que eles a chamavam também de verossimilhança. Ele confirmou sem pestanejar. E sei muito bem disso, porquanto foi por teu intermédio, e não por outro, que cheguei ao conhecimento dos postulados dos acadêmicos. É visto que elas estão impressas no teu espírito, ignoro a razão de perseguires palavras. Eu retomei dizendo: Creia-me que a minha grande controvérsia não é esta das palavras mas a controvérsia das próprias coisas. Não julgo que fossem varões incapazes de atribuir nomes às coisas. Parecia-me que escolhiam essas palavras tanto para ocultar seu modo de pensar aos mais tardos, quanto para indicá-la aos mais vigilantes. Exponho em seguida as razões e o modo como vejo isso, mas primeiro quero discutir aquelas coisas ditas por eles, pelas quais os homens consideram-nos como inimigos do conhecimento humano. Assim fico satisfeito que essa nossa discussão de hoje tenha progredido até o ponto onde se mostra suficiente e abertamente o que estamos buscando. Pois parece-me que eles foram varões muito sérios e prudentes. Mas se há algo agora que devemos discutir será contra aqueles que creram que os acadêmicos fossem contrários a se encontrar a verdade. Mas para que não me consideres estar amedrontado, de boa vontade vou brandir armas também contra eles, para ver se a causa de ocultarem suas opiniões não era devida ao fato de não quererem expor irrefletidamente certos segredos da verdade a mentes contaminadas e até profanas, ou se defendiam de coração aquilo que lemos registrado em seus livros. É o que iria fazer hoje, se o pôr do sol já não nos compelisse a retornarmos para casa. E naquele dia discutimos até esse ponto.

Se, a partir do provável, visto pelos acadêmicos...
11.25 Mas no dia seguinte, muito embora brilhasse um sol não menos brando e tranquilo, quase não conseguimos nos desvencilhar dos afazeres domésticos, uma vez que gastamos a maior parte do tempo sobretudo na redação de cartas. E tendo-nos restado apenas duas horas de tempo, decidimos caminhar pelo campo. A excepcional serenidade celeste nos convidava, e parecia-nos que não devêssemos perder o pouco de tempo que ainda nos restava. Tendo alcançado a costumeira árvore onde nos acomodamos, eu disse: Jovens,

visto que hoje não podemos fazer muita coisa, quero que me recordeis como Alípio respondeu no dia de ontem à pequena questão que vos perturbou. Então Licêncio tomou a palavra: A resposta é tão breve que não vale a pena recordá-la, tanto quanto deve ser fácil para ti vê-la. Pois, segundo me parece, na medida em que constasse clareza sobre a questão em causa, ele te impediu de criar questões sobre a terminologia. E eu: Mas vós vos tendes dado conta suficientemente do que significa isso, e qual sua força? E ele: Parece-me ver o que está em questão ali, mas peço que explicites isso um pouco mais, pois diversas vezes já te ouvi falar que, nas discussões, é algo bastante inconveniente demorar-se nas questões relativas à terminologia, quando não resta nelas qualquer empenho em favor das questões em causa. Mas essa matéria é por demais sutil para que se me exija que eu a explique.

...se pode dar início ao estudo da sabedoria

11.26 Escutai, então, de que se trata, disse eu. Os acadêmicos chamam de provável ou de verossímil aquilo que pode nos levar a agir sem darmos nosso assentimento. Digo *sem assentimento*, de tal modo que, mesmo não tendo ciência de que aquilo que realizamos é verdadeiro, ou mesmo julgando não conhecê-lo, ainda assim o fazemos. Por exemplo: se na noite passada, tão límpida e serena, nos tivesse sido perguntado se no dia de hoje teríamos um sol tão belo, creio que teríamos respondido não saber, mas que nos parecia possível isso acontecer. E o acadêmico afirma: *É desse gênero de coisas que me parece ser tudo que julgo chamar de coisas prováveis ou verossímeis. Mas não vou me contrapor se quiseres dar-lhe outro nome. É suficiente para mim que já tenhais perfeitamente compreendido o que eu disse, ou seja, a que tipo de coisas eu atribui esses nomes. Não é conveniente ao sábio ser operário de termos, mas ser alguém que questiona pela verdade das coisas* (CÍCERO. *Varro*. Fragm. 33 t.A). Não compreendestes como me foram retiradas das mãos aqueles jogos pelos quais eu vos exercitava? E apesar de ambos responderem ter compreendido, a expressão de seus rostos pedia para que eu próprio respondesse. O que achais, disse eu? Acaso Cícero, de quem são essas palavras, não teria suficiente habilidade na língua latina para impor nomes adequados às coisas que tinha em sua mente?

Licêncio deserda dos acadêmicos...

12.27 Aí interveio Trigésio: Uma coisa já ficou clara entre nós, que não é bom que promovamos qualquer controvérsia sobre terminologia. Por isso, prefiro que vejas o que responder a esse que nos liberou, contra quem tentas novamente acometer. Então Licêncio disse: Um momento, por favor, pois sinto não que luz de intuição, que me diz que não deverias deixar-te arrebatar tão facilmente esse argumento tão sério. E, mergulhado em suas reflexões, e um tanto calado, disse por fim: Nada me parece ser mais absurdo que afirmar que aquele que ignora o que seja o verdadeiro afirme seguir o que é verossímil; tampouco me sinto perturbado por aquela tua similitude. Pois se me perguntarem se a partir dessas condições atmosféricas de hoje se pode deduzir que amanhã chova, respondo que é verossímil que isso aconteça, visto que não nego saber algo de verdadeiro. Isso porque sei que essa árvore não pode se transformar numa árvore prateada, e afirmo saber, não de maneira irresponsável, uma variedade desse gênero de coisas, com as quais vejo serem semelhantes as coisas que chamo de verossímeis. Mas tu, Carnéades, ou qualquer outra peste grega, isso para deixar fora os latinos (e por que estou hesitante, a essa altura, de passar para a outra parte, para quem, de direito, devo ser prisioneiro de vitória?), quando afirmas não saber nada de verdadeiro, como podes assentir ao verossímil? Sinto não ter podido dar-lhe outro nome. Todavia, como estamos discutindo com alguém que sequer pode falar?

...não tem noção da questão

12.28 Não sou eu, disse Alípio, que irá temer um desertor, tampouco aquele Carnéades, ao qual, não sei se movido por leviandade juvenil ou infantil, julgastes dever lançar mais maldições do que alguma defesa. Isso porque, aqueles, para corroborar sua opinião, sempre fundamentada sob o argumento do provável, poderiam facilmente contrapor-se a ti afirmando que nós ainda estamos distantes de descobrir o verdadeiro, como tu mesmo podes servir de argumento demonstrativo para isso, pois através de uma pequena pergunta feita a ti, já mudastes de lado, e ignoras completamente onde tens os pés. Todavia, agora deixemos isso para outra ocasião, assim como aquele saber que admitistes um pouco antes ter sido impresso em teu ânimo pelo exemplo daquela árvore. Muito embora tenhas abdicado de outros pontos, deves ser instruído sobre aquilo que eu falava há pouco. Segundo me parece, ainda não chegáramos naquela questão que pergunta se o verdadeiro pode ser encontrado. Mas julguei que, apenas como preâmbulo à minha defesa, se deveria tratar de uma questão na qual eu já antevia que estavas entregue e prostrado, a saber, se não se deveria buscar o verossímil, o provável ou outro – se queres dar-lhes outro nome –, pelo qual os acadêmicos se dão por satisfeitos. Pois se julgas já teres encontrado a verdade, nada tenho a ver com isso. E se não fores ingrato à defesa que faço, talvez depois possas me ensinar essas mesmas coisas.

Alípio, que ainda luta em favor dos acadêmicos...

13.29 A esta altura, quanto já começava a ver a Licêncio envergonhado e com medo do ímpeto de Alípio, eu disse: Estavas interessado em dizer, ó Alípio, tudo menos o modo como devemos discutir com aqueles que não conhecem a arte da fala. E ele: Pois já faz tempo que, tanto eu quanto todos aqui, sabemos que és experto nas palavras, e o mostras suficientemente por tua profissão. Gostaria que explicasses em primeiro lugar a utilidade dessa tua questão, que, se for supérflua, como me parece, também e muito mais supérfluo será buscar para ela uma resposta. Ou então, se ela puder trazer algum proveito, coisa que eu próprio não consigo explicar, peço-te com insistência para que não te incomodes de fazer o ofício de mestre. Lembras-te, disse eu, que ontem eu prometi que trataria dessa questão da terminologia? E agora aquele sol me admoesta que eu volte a guardar na cesta aqueles joguetes infantis que propus, sobretudo porque os propus mais como objeto de ornamento do que de venda. E agora, antes que as trevas, que costumam ser as patronas dos acadêmicos, nos impeçam de registrarmos nossas questões por escrito, quero deixar totalmente claro entre nós a questão com que deveremos nos ater amanhã cedo e buscar explicação. Assim, responda, pois, te peço: supondo que os acadêmicos tivessem certa noção da verdade, és de opinião que eles não queriam revelá-la a pessoas malpreparadas e de espírito impuro, ou que eles realmente pensavam exatamente como encontramos escrito em suas discussões?

...percebe que se trata da origem da sabedoria

13.30 Então Alípio respondeu: Vou confirmar sem temeridade o que se passava em seu espírito. Isso porque, do que se pode depreender de seus livros, tu, melhor do que ninguém, sabes que costumam exprimir suas opiniões em palavras. Mas se me consultas a mim, julgo que ainda não se encontrou o verdadeiro. Acrescento também aquilo que perguntavas aos acadêmicos, a saber, que não se pode encontrar a verdade, e não só por causa de uma opinião que amadureceu em mim, que sempre pudestes perceber em mim, mas também pela autoridade dos grandes e excelentes filósofos. Diante desses, não sei como, somos obrigados a curvar a cabeça, seja por causa de nossa imbecilidade ou pela sagacidade dos mesmos, além da qual não se pode imaginar poder descobrir algo. Era isso, disse eu, o que eu queria. Temia que tu também fosses da mesma opinião que a minha e que nossa discussão restasse incompleta. E já não haveria ninguém no lado oposto que nos obrigasse a lançarmos mão do argumento para analisá-lo diligentemente e na medida de nossas forças. Pois se isso ocorresse, estava disposto a te pedir que adotasses o partido dos acadêmicos, de modo que não só defendesses mas inclusive fosse tua opinião de que não se pode compreender o verdadeiro. O que está sendo questionado entre nós, portanto, é o seguinte: Se, de seus argumentos se pode depreender ser provável que nada se possa compreender e que não se deve assentir a coisa alguma. Se conseguires demonstrar isso, vou concordar contigo de boa vontade. Todavia, se eu puder demonstrar que é muito mais provável que o sábio possa também alcançar a verdade, e que nem sempre se deve coibir o assentimento, parece-me que não tens razão alguma para não aceitares e acolher minha opinião. E visto que minha proposta agradou a ele e aos demais presentes, já envoltos pela noite, retornamos para casa.

LIVRO TERCEIRO
AGOSTINHO DISCUTE SE É NECESSÁRIO O ASSENTIMENTO À SABEDORIA

O sábio não teme a sorte (1,1-2,4)

Recapitulação do que se disse precedentemente

1.1 Após aquela discussão que foi registrada no livro segundo, no outro dia, sentamo-nos no balneário, pois fazia um tempo muito ruim para descermos ao campo, comecei do seguinte modo: julgo já vos ter chamado suficientemente a atenção sobre qual a questão que estabelecemos devermos discutir entre nós. Mas, antes que eu entre no desdobramento das partes que compõem a explicação dessa questão, peço que não vos aborreçais em ouvir algumas observações sobre a esperança, a vida e nosso propósito. Julgo que nosso empenho aqui não é algo leviano ou supérfluo, mas necessário e primordial, a saber, investigar acima de tudo a verdade. Nesse ponto, Alípio e eu estamos de acordo. Isso porque também os outros filósofos julgavam que o sábio que eles ideavam a teria encontrado. E os acadêmicos confessavam que o seu sábio deveria envidar o máximo de esforço para alcançar a verdade, buscando empreender essa busca com presteza. Todavia, como a verdade se oculta abruptamente ou então se mostra confusa, para orientar sua vida, o sábio deveria seguir o que se mostra como provável e verossímil. Foi isso também que foi concluído em vossa discussão precedente. Nessa discussão, um de vós afirmava que o homem se torna feliz ao encontrar a verdade, mas o outro afirmava que o homem é feliz apenas ao buscá-la diligentemente. Para nenhum de nós há qualquer dúvida, portanto, de que não poderá haver ocupação mais importante que esta para nós. E por isso, pergunto, como vos parece que passamos o dia de ontem? Foi permitido que vos dedicásseis a vossos estudos. Isso porque também tu, Trigésio, te deleitaste com os poemas de Virgílio, e Licêncio perambulou compondo versos. Ele é movido de tal modo pelo amor à poesia que julguei proferir esse sermão acima de tudo por causa dele, a fim de que a filosofia ocupe e reivindique uma parte maior em seu ânimo (pois já é tempo), e não apenas a poética ou qualquer uma das outras disciplinas.

O que a fortuna proporciona às necessidades da vida

2.2 Mas vos pergunto se não lamentais que, no dia precedente, ao deitar-nos, decidimos levantar-nos no outro dia com o único propósito de ocupar-nos com a questão levantada? Todavia, acabaram surgindo tantos afazeres domésticos que, inteiramente absortos neles, pudemos respirar e ocupar-nos conosco mesmos apenas as duas últimas horas do dia. Meu modo de pensar sempre foi de que o homem sábio não tem necessidade de nada, mas para tornar-se sábio tem bastante necessidade da fortuna, a não ser que Alípio seja de outra opinião. Ainda não sei bem, disse aquele, que direito atribuis à fortuna. Pois, se julgas que a própria fortuna é necessária para se desprezar a fortuna, então penso como tu; mas se à fortuna nada mais concedes que ser aquela que supre as coisas necessárias para as necessidades corpóreas, então não concordo contigo. Então, ou admitimos que é permitido ao que ainda não é sábio, mas que deseja a sabedoria, lançar mão de tudo que tem necessidade para a vida, muito embora a fortuna lhe seja repugnante e contrária, ou então se deve conceder que ela dominaria toda a vida do sábio, visto que também este sábio não pode não sentir necessidade das coisas necessárias ao corpo.

O sábio despreza a fortuna vivendo...

2.3 Afirmas, portanto, que a fortuna é necessária ao que estuda a sabedoria, mas negas que ela seja necessária para o sábio. Não podemos nos livrar da questão, repetindo o mesmo, disse ele. Por isso, agora, te pergunto se julgas que a fortuna pode ser de algum auxílio para desprezar a si mesma? Se concordas com isso, afirmo que aquele que deseja a sabedoria tem grande necessidade da fortuna. Concordo, disse eu, porquanto é por ela que estará em condições de poder desprezá-la. Tampouco é absurdo, pois também nós, quando éramos pequenos, tínhamos necessidade de amamentação, o que acontece para que, posteriormente, possamos viver e sustentar-nos sem ela. Parece-me que, se não houver divergência entre a concepção em nossos ânimos, nosso modo de sentir concorda, a não ser que a alguém pareça dever discutir que aquilo que nos faz desprezar a fortuna ou a amamentação, não são o próprio seio ou a fortuna, mas algo diverso. Não será difícil, disse eu, lançar mão de outra comparação. Isso porque, sem um navio ou qualquer outro veículo de transporte, ou enfim para que não venha a temer a Dédalo, sem qualquer outro instrumento apropriado para tal, ou sem a ajuda de alguma potência oculta, ninguém pode atravessar o Mar Egeu. E muito embora nada mais se proponha do que chegar ao outro lado, e uma vez tendo alcançado sua meta, está disposto a lançar fora e desprezar tudo de que lançou mão para a travessia. Assim se dá também com aquele que busca alcançar o porto da sabedoria e chegar como que ao solo firmíssimo e sereníssimo. Por isso, para não falar de outras coisas, se alguém for cego ou surdo, não pode alcançar o que necessita, visto que depende da fortuna. Portanto, a fortuna me parece ser necessária para alcançar o que se deseja. E uma vez tendo conseguido isso, muito embora julgue necessitar de algumas coisas que fazem parte da sobrevivência do corpo, fica claro que ele não necessita dela para ser sábio, mas apenas para a convivência entre os homens. Ao contrário se dá com alguém que fosse cego ou surdo, pois, a meu ver, irá desprezar de direito a sabedoria a ser conquistada, e a própria vida em função da qual se busca a sabedoria.

...e morrendo

2.4 Disse eu: Muito embora essa nossa vida, que aqui vivemos, esteja sob o poder da fortuna, e que ninguém consegue tornar-se sábio a não ser vivendo, não devemos confessar termos necessidade de seu favor para, por meio dele, alcançarmos a sabedoria? Mas, uma vez que a sabedoria, disse ele, só é necessária aos que vivem, pois uma vez removida a vida não há mais necessidade de sabedoria, nada temo da fortuna na difusão da vida. Por fim, quero a sabedoria porque vivo, mas não é porque desejo a sabedoria que quero a vida. Pois se a fortuna me privasse da vida, estaria suprimindo a causa pela qual se busca a sabedoria. Para tornar-me sábio, portanto, não tenho que desejar o favor da fortuna nem temer seus empecilhos, a não ser, talvez, que acrescentes alguma outra razão. Então eu disse: Não concordas que aquele que estuda a sabedoria pode ser impedido pela fortuna de alcançar a sabedoria, mesmo que não seja privado de sua vida? Não creio, disse ele.

O sábio assente à sabedoria (3,5-6,13)

O que importa para o sábio é conhecer a sabedoria

3.5 Então eu disse: Quero que me expliques um pouco melhor a diferença entre o sábio e o filósofo. A meu ver, o sábio não difere do aspirante à sabedoria, disse ele, a não ser pelo fato de que no sábio encontramos certo hábito daquelas coisas que no aspirante só encontramos como um desejo solícito. Mas, enfim, quais são essas coisas, disse eu, pois para mim a única diferença entre eles é que um conhece a sabedoria, o outro deseja conhecê-la. Se estabeleces limites modestos à ciência, disse ele, terás expresso essa questão de forma mais clara. Mas, seja lá como a determines, disse eu, todos concordam que não pode haver ciência das coisas falsas. Justamente nisso, disse ele, pareceu-me dever interpor algumas objeções, a fim de que, tendo eu feito uma concessão irrefletida, teu discurso não comece a cavalgar pelos campos da questão principal. Certamente não me deixaste lugar algum onde eu pudesse cavalgar. Pois, se não me engano, chegamos ao objetivo ao qual eu já tencionava chegar, há muito. Se, pois, como dissestes, de maneira sutil e verdadeira, nada se interpõe entre o aspirante da sabedoria e o sábio, a não ser que este ama e aquele possui a disciplina da sabedoria, de modo que não hesitastes em dar-lhe aquele nome, isto é, chamando a isso de hábito, ninguém pode possuir a disciplina no espírito se não a tiver apreendido. E nada aprende quem nada conhece, e ninguém pode conhecer o falso, pois tu mesmo confessaste que ele possui no espírito a disciplina da sabedoria, isto é, o hábito. Não sei, disse ele, a que grau de audácia eu chegaria, se quisesse negar que o sábio é possuidor do hábito de inquirir sobre as coisas divinas e humanas. Mas não consigo ver por que és de opinião que não haveria o hábito das coisas que se podem encontrar como prováveis. Concordas comigo, disse eu, que ninguém conhece as coisas falsas? Com facilidade, disse ele. E eu, diga-me se consegues então que o sábio não conhece a sabedoria. Mas por que, disse ele, encerras tudo dentro desses limites, de modo que ele não poderia opinar poder compreender a sabedoria? Dá-me a mão, disse eu, pois, se bem te recordas, é isso que ontem te prometi demonstrar, e agora me alegro, pois não fui eu que cheguei a essa conclusão mas tu mesmo ma ofereces. Eu afirmei que o que se interpõe entre mim e os acadêmicos é o fato de eles acharem ser provável que não se pode compreender a verdade, e eu, mesmo ainda não tendo encontrado a verdade, ser de opinião que é possível ao sábio encontrar a verdade; mas tu, urdido por minha pergunta, a saber, se o sábio não conhece a sabedoria, respondeste parecer-te que é possível ele conhecer a sabedoria. E o que se deduz disso, disse Alípio? Porque, disse eu, se eles são de opinião que podem conhecer a sabedoria, não podem achar que o sábio nada poderá saber. Ou então, quero que afirmes tu, se a sabedoria nada é.

É necessário que o sábio consinta que conhece a sabedoria

3.6 Mas, disse ele, quase já acreditava termos alcançado a meta. De repente, porém, ao me estenderes a mão, percebi a grandeza de nosso desacordo e que essa estrada já se faz longa. No dia de ontem, aparentemente, não havia para nós outra questão a ser debatida a não ser buscar saber se o sábio pode chegar à compreensão do verdadeiro.

Tu afirmavas e eu negava. Mas agora, nada mais me parece que eu tenha concordado contigo além do fato de que ao sábio é possível parecer ter alcançado a sabedoria das coisas prováveis. Mas julgo não haver qualquer dúvida entre nós de que a sabedoria consiste na investigação das coisas divinas e humanas. Não vai ser enrolando mais a questão, disse eu, que dela sairás. Parece-me que discutes com o fim de te exercitares. E visto que bem conheces esses jovens, que têm dificuldade ainda em discernir uma discussão aguda e sutil, abusas também da ignorância dos juízes, para que assim ninguém reclame de que falas o quanto te agrada. E um momento antes, quando perguntavas se o sábio conhece a sabedoria, dissestes ser de opinião que eles a conheciam. Àquele que é de opinião que o sábio conhece a sabedoria não pode pensar que o sábio nada conheça. Isso não pode ser contestado, a não ser que alguém afirme que a sabedoria nada é. Do que se depreende que somos da mesma opinião, pois penso que o sábio não pode nada saber, e me parece que também tu és de opinião de que o sábio conheceria a sabedoria. Então ele respondeu: Julgo que não busco exercitar nisso meu espírito mais do que tu mesmo. E admiro-me disso, pois sei que não tens necessidade alguma desse tipo de exercício. Talvez eu ainda esteja cego, todavia sou de opinião de que existe uma diferença entre parecer saber e saber, e entre sabedoria, fundada na investigação, e verdade. Essas, sendo defendidas por cada um de nós, não vejo qualquer modo de fazer com que concordem. E uma vez que já estávamos sendo chamados para a refeição, retomei dizendo: Não me desagrada tanto que me contradigas, pois ou ambos não sabemos bem o que estamos falando, e nesse caso temos de cuidar para não sermos tão torpes, ou um de nós não sabe o que está dizendo, e deixar isso de lado e negligenciar isso não é menos torpe. À tarde retomaremos a discussão. E agora quando eu próprio imaginava já termos alcançado a meta, me mostras os punhos. Todos riram e então nos retiramos.

Licêncio quer beber da Fonte Ipocrene

4.7 Ao retornarmos, encontramos Licêncio, todo absorto compondo versos, cuja sede jamais poderia ser saciada nem por Helicon. Isso porque, estando praticamente na metade de nossa refeição, muito embora o início e o fim de nossa refeição coincidam, levantou-se sem chamar a atenção e sem nada ter bebido. Ao que eu lhe disse: Desejo, pois, que algum dia possas possuir perfeitamente essa poesia que tanto desejas, não porque essa habilidade me agrade muito, mas porque vejo que estás de tal modo empenhado nisso que só poderás ser libertado através do fastio. Isso costuma acontecer facilmente após alcançar a perfeição de alguma coisa. Por isso, visto que sabes cantar bem, prefiro que entoes teus versos para que os ouçamos, do que ver-te cantar palavras que não compreendes, tiradas daquelas tragédias gregas, conforme costumamos ver de aves presas em gaiolas. Admoesto-te a que vás beber, se queres, e retornes a nossa escola, se Hortênsio e a filosofia merecerem alguma consideração de tua parte. Naquela disputa que anteriormente empreendestes já sorvestes primícias dulcíssimas destes que mencionei, que te fizeram avançar de forma mais viva do que essa poética à ciência de coisas grandiosas e das coisas verdadeiramente fecundas. Mas visto que desejo convocar-vos novamente para a ambiência dessas disciplinas pelas quais se aperfeiçoa o espírito, temo se não vos coloco frente a um labirinto, e quase me arrependo de ter reprimido aquele teu ímpeto. Ele então enrubesceu e se afastou para beber, pois estava sedento, e evitava dar-me ocasião para que, talvez, eu viesse a dizer-lhe muitas outras coisas e ainda mais ásperas.

A diferença entre saber e ter opinião que sabe

4.8 Quando retornou e todos estavam atentos, assim recomecei: Alípio, é assim então que entre nós não concordamos sobre uma coisa que para mim me parece ser manifestíssima? Não é de se admirar, disse ele, haver algo que afirmas estar disponível para ti, e que é obscuro para mim; porquanto, muitas coisas que são manifestas podem ser muito mais manifestas para outros; e igualmente certas coisas obscuras podem ser mais obscuras para outros. Pois mesmo que isso seja verdadeiramente manifesto para ti, creia-me que pode haver alguém para quem isso que é manifesto para ti seja mais manifesto; e igualmente pode haver alguém para quem aquilo que para mim é obscuro seja mais obscuro. Todavia, não me julgues por mais longo tempo como obstinado, insisto para que esmiúces com mais clareza isso que já te é manifesto. Peço que me escutes, então, cuidadosamente, disse eu, e deponha por um instante a preocupação em responder. Se conheço bem a mim e sobretudo a ti, facilmente esclareceremos a questão que busco explicar e logo ambos seremos persuadidos. Não dissestes, por último, se é que eu não estava surdo, que parece ao sábio ter ciência da sabedoria? Ele concordou. Deixemos de lado, por um instante, a esse sábio. Tu próprio és sábio ou não? De modo algum, disse ele. Todavia, quero que me respondas o que pensas sobre o sábio acadêmico; parece-te que ele tem ciência da sabedoria? Ele respondeu: E a ti, julgas ser a mesma coisa ou algo diverso parecer a alguém que sabe e realmente saber. Temo, pois, que essa confusão possa oferecer escapatória a algum de nós.

É preciso que o sábio consinta crer ter ciência do saber

4.9 É isso que se costuma chamar, disse eu, de controvérsia tusculana, visto que não se procura resolver a questão proposta, através de uma solução, mas se lhe apresenta uma outra objeção. Também nosso poeta – para dedicar um pouco meus ouvidos a Licêncio – julgou de maneira adequada nos poemas *bucólicos*, que isso é coisa de campesino e sem sombra de dúvidas coisa de pastores, visto que, quando um interrogava o outro perguntando onde o espaço do céu não apresenta um vão maior que três braços, o outro responde: *Diga-me tu em que regiões da terra nascem flores onde estão inscritos os nomes de reis* (VIRGÍLIO. *Ecl.*, 3,105-106).

O que te peço, Alípio, é não julgues que isso nos seja permitido aqui no campo, muito embora esse pequeno balneário nos traga alguma recordação da beleza dos ginásios. Se for do teu agrado, por favor, responda àquilo que te pergunto. Parece-te que o sábio dos acadêmicos tem ciência da sabedoria? Para que não nos alonguemos referindo palavras a outras palavras, disse ele, parece-me que ele crê saber da sabedoria. Perece, portanto, disse eu, que ele não tem ciência realmente da sabedoria? Não te pergunto, pois, o que crês sobre o fato de o sábio ser de opinião de saber ou não saber da sabedoria, mas se te parece que o sábio tem realmente ciência da sabedoria. Segundo penso, podes simplesmente afirmar ou negar isso. Oxalá, disse ele, isso fosse tão fácil para mim como o é para ti, ou fosse tão difícil para ti como o é para mim! Assim não serias tão importuno e tampouco esperarias qualquer coisa de mim. Pois, ao perguntares minha opinião sobre o sábio acadêmico, respondi que, na minha opinião, ele crê ter ciência da sabedoria, a fim de que eu não afirmasse temerariamente que eu sabia, e nem dizer de modo ainda mais temerário que ele tinha ciência do saber. Como um grande favor, disse eu, te imploro que concedas primeiramente e te dignes responder àquilo que eu te pergunto e não àquilo que tu te interrogas. Por fim, deixa de lado por um instante minha expectativa, que sei não te causa menos preocupação do que as tuas. Pois, certamente, se falho nessa interrogação, logo devo dobrar-me à tua argumentação, e a discussão estará terminada. Por último, lança fora essa preocupação que vejo inquietar-te e não sei de onde vem, e concentra-te com mais atenção para que possas compreender mais facilmente o que quero que me respondas. Disseste, pois, que não afirmavas nem negavas – o que era necessário que respondesses ao que eu perguntava – a fim de não afirmares temerariamente saber o que não sabes, como se eu te tivesse perguntado sobre o que sabes e não sobre aquilo que crês saber. Eis por que volto novamente a perguntar com maior clareza (se é que se pode fazê-lo com mais clareza do que assim): Crês ou não crês que o sábio tem ciência da sabedoria? Se pudermos encontrar um sábio como exige a razão, disse ele, posso crer que ele tem ciência da sabedoria. Portanto, disse eu, a razão te mostra que é sábio aquele que não ignora a sabedoria. Até aqui, tudo correto, também não convinha que opinasses diversamente.

Seja que o sábio tem ciência dele ou que ele simplesmente creia ter ciência, a sabedoria é alguma coisa

4.10 Creio que já posso perguntar-te se é possível encontrarmos um sábio. Isso porque, em caso afirmativo, ele poderá também ter ciência da sabedoria, e toda questão disputada entre nós estaria resolvida. Se não podes afirmar tal coisa, então já não perguntaremos se o sábio tem ciência de alguma coisa, mas se poderá haver alguém sábio. Uma vez estabelecido isso, devemos afastar-nos dos acadêmicos e discutir entre nós, na medida de nossas forças, essa questão, com diligência e cautela. Isso porque, agradava a eles, ou melhor, eles eram de opinião de que pode haver um homem sábio, muito embora no homem não pudesse dar-se a ciência. Essa é a razão pela qual afirmavam que o sábio nada sabe. Mas tu crês que eles têm ciência da sabedoria, o que seguramente não é nada saber. Do mesmo modo, pois, agradou também a nós dois – do mesmo modo que se afirmava entre todos os antigos, assim como entre os próprios acadêmicos – que ninguém pode ter ciência de coisas falsas. Sendo que, então, só te resta uma opção: ou defender que a sabedoria nada é, ou confessar que o sábio descrito pelos acadêmicos é tal que não se rege pela razão. E deixando de lado essa questão, peço que consintas que questionemos se ao homem poderá advir tal sabedoria como é gerada pela razão, pois não existe nenhuma outra sabedoria que devamos ou possamos nomear assim com justiça.

Se em cada coisa que se vê atingimos a verdade pela indicação de um poder numinoso

5.11 Alípio respondeu: Mas, mesmo que eu concorde com aquilo que vejo que tanto intentas alcançar, a saber, que o sábio tem ciência da sabedoria, e que de nossas discussões se depreenda que o sábio pode perceber alguma coisa como certa, nem por isso, e de modo algum, estou convencido de que toda concepção dos acadêmicos estivesse destruída. Vejo que lhes resta ainda um espaço de defesa não pequeno, nem se lhes eliminou aquela suspensão de seu assentimento, visto que não podem desistir de sua causa justo por isso que tu julgas estares convencido. Eles afirmam, pois, que nada se compreende, e que não se deve assentir a coisa alguma; e inclusive esse princípio de que nada se pode perceber verdadeiramente, do qual estavam convencidos provavelmente durante quase toda sua vida até aqui, agora lhes é retirado por essa tua conclusão. Segue-se que tanto então como agora a força desse argumento, seja pela lerdeza do meu espírito ou pela sua robustez verdadeira, é invencível, não pode fazê-los mudar de posição, enquanto ainda conseguem afirmar com audácia que não se deve assentir a coisa alguma. Talvez, uma vez por outra, se possa descobrir também alguma coisa contra essa doutrina, por eles mesmos ou por outros, algo que se pode afirmar ser bastante provável; e será necessário observar sua imagem e como que num certo espelho, naquele Proteu, do que se conta que costumava ser captado onde menos se imaginava poder sê-lo e que aqueles que o buscavam jamais o alcançavam a não ser por indicação de algum poder numinoso. Se este poder nos auxilia e se digna demonstrar-nos aquela verdade pela qual envidamos tantos cuidados, também eu confessarei que, mesmo contra sua própria vontade, os acadêmicos teriam sido superados, coisa, porém, que não creio.

É necessário que o sábio assinta à verdade

5.12 Assim está muito bem, respondi. Não esperava mais do que isso. Vede, pois, vos peço, quais e quantas coisas boas me foram concedidas. Em primeiro lugar, se afirmou que os acadêmicos foram de tal modo vencidos, que nada mais lhes resta como defesa a não ser aquilo que não pode vir a ser. Quem, pois, consegue compreender de algum modo, ou crer que aquele que foi vencido possa se gloriar como vencedor, lançando mão justamente daquilo por que foi vencido? Depois, se resta ainda algo que se possa discutir com eles, isso não provém do que afirmam que nada se pode saber, mas daquilo que asseguram de que não se deve dar assentimento a coisa alguma. Assim, agora, estamos de acordo.

Pois tanto eu quanto eles estamos convencidos de que o sábio tem ciência da sabedoria. Mas eles advertem que se deve moderar todo assentimento. Eles afirmam apenas que lhes parece saber, não que sabem. Como se eu professasse ter ciência. Também afirmo que tenho opinião sobre isso, sendo portanto estulto, como eles próprios, se não têm ciência da sabedoria. Todavia julgo que devemos aprovar alguma coisa, ou seja, a verdade. Sobre isso, consulto-os a ver se negam, isto é, se lhes agrada que não se deve assentir à verdade. Mas eles jamais afirmam isso, apenas confirmarão que ela pode ser encontrada. Portanto, nesse aspecto estou concorde com eles de algum modo, a saber, que a ninguém desagrada, e até se concorda ser necessário assentir à verdade. Mas eles dizem: Quem no-la irá demonstrar? Nesse ponto não quero disputar com eles; para mim é suficiente que não é provável que o sábio nada saiba, a fim de não serem obrigados a tirar uma conclusão extremamente absurda, a saber, que a sabedoria nada é, ou que o sábio não tem ciência da sabedoria.

O que achamos e o que cremos

6.13 Foi dito por ti, Alípio, quem poderá demonstrar o verdadeiro, sobre o que eu tenho de me esforçar grandemente para não dissentir. Porquanto afirmaste de maneira breve mas também piedosa que só um certo poder numinoso poderia demonstrar ao homem o que seja o verdadeiro. Nessa nossa discussão, não ouvi nada mais agradável, nada mais grave, nada mais provável, e se esse poder numinoso nos assistir, como confio, nada de mais verdadeiro. Isso porque, também aquele Proteu – que foi por ti evocado com tanta elevação de mente, com que alta intenção, no melhor estilo de filosofia – aquele Proteu, portanto – e vede caros jovens que de modo algum os poetas devem ser desdenhados na filosofia – foi-nos apresentado como imagem da verdade. Nas poesias, disse eu, Proteu demonstra e sustenta a face da verdade que ninguém pode alcançar, se, enganado por imagens falsas, relaxar ou soltar os nós da compreensão. São, pois, essas imagens que, através do costume das coisas corpóreas, buscam nos enganar e iludir pelos sentidos que usamos, em prol das necessidades desta vida, mesmo quando dispomos ou, por assim dizer, temos em mãos a verdade. E esse é o terceiro bem que recebi, ao qual não encontro modo de estimar suficientemente. Meu amigo familiaríssimo está de acordo comigo não só quanto à probabilidade da vida humana, mas também no que diz respeito à própria religião. Isso é um indício manifestíssimo de verdadeira amizade. Porquanto a amizade retíssima e santíssima se define assim: *O consenso sobre as coisas humanas e divinas, nutrido por benevolência e caridade* (CÍCERO. *Lael.*, 6.20).

Se o verdadeiro pode ser compreendido (7,14-9,21)

Aos que se dedicam à análise das partes da sabedoria...

7.14 Todavia, não deve parecer que os argumentos dos acadêmicos continuem a nos obscurecer com suas névoas, ou que pareça que resistimos, com soberba, à autoridade do homens doutíssimos, dentre os quais não se pode não ser tocado sobretudo por Cícero. Se concordardes, primeiramente vou dizer algumas coisas contra aqueles que são de opinião que aquelas discussões vão contra a verdade. Depois, vou demonstrar minha opinião sobre a razão por que os acadêmicos teriam ocultado suas sentenças. Assim, pois, Alípio, muito embora vejo que estás inteiramente do meu lado, aceita por um instante o encargo de responder às minhas perguntas. Alípio respondeu: Visto que hoje avançastes firmemente, como se costuma dizer, *sob bons auspícios*, não vou me opor ao teu triunfo total e vou tentar defender aquele partido de forma ainda mais segura do que tu mo impões. E no entanto, peço que, se não te for incômodo, convertas aquilo que intentas apresentar através de perguntas num discurso contínuo; a fim de que não me tortures como a um adversário, a mim, já cativo teu, com aqueles pequenos dardos, coisa que não condiz com tua grande humanidade.

...é mais importante o ensino do que as perguntas

7.15 E quando me dei conta da expectativa daqueles, como se aguardassem entrar noutro exórdio, eu disse: Vou fazer esse vosso capricho, disse eu: Ora, após aquele esforço na escola de retórica, e munido com essa leve armadura, presumi poder encontrar certa quietude para tratar as questões através da interrogação e não tanto através do discurso. Todavia, como somos pouquíssimos, de modo que não preciso falar alto com prejuízo à minha saúde, quis igualmente que esse estenógrafo, pela mesma razão, em função de minha saúde, tomasse o papel como que um auriga e um moderador de meu discurso, para que meu ânimo não se deixe tomar por uma celeridade maior que a exigida pelo cuidado com o corpo, ouvi o que penso através de um discurso contínuo. Mas, antes, vejamos o que é aquilo em que costumam se gloriar os que seguem os acadêmicos. Isso porque, nos livros de Cícero, os quais ele escreveu para defesa dessa causa, encontra-se a meu ver certa passagem, criada com admirável elegância, mas segundo alguns, também dotada de uma forte robustez. Será difícil encontrar alguém a quem não comova o que se diz ali: *Os sábios de todas as demais correntes, que se julgam sábios, atribuem ao acadêmico o segundo posto no grau do saber, uma vez que é necessário que cada um reivindique o primeiro posto para si. A partir disso, é muito provável que confesse, a seu juízo, ser de direito o primeiro àquele que segundo o juízo de todos os demais seria o segundo.*

Uma citação de Cícero sobre o sábio acadêmico

7.16 *Façamos de conta que está presente um sábio estoico, isso porque o espírito dos acadêmicos muito se inflamava contra eles. Portanto, se se perguntasse a Zenão ou Crísipo quem é o sábio, responderiam que é aquele que eles próprios apresentam e descrevem. Epicuro ou algum outro dos adversários, ao contrário, negará isso, defendendo antes que o verdadeiro sábio é o seu perito caçador de prazeres. E é nesse ponto que surge a controvérsia; Zenão eleva a voz e todo aquele pórtico grita em* *tumulto afirmando que o homem não nasceu com outra finalidade a não ser para a virtude e a honestidade; essa atrai os espíritos para si por seu esplendor, sem qualquer outra utilidade extrínseca e sem qualquer recompensa adulatória; aquele prazer buscado pelos epicureus costuma ser comum apenas entre os animais, e querer colocar o homem e o sábio na companhia daquele é algo ímpio. Contra esses, dos pequenos jardins, convoca-se, como um Baco, o auxílio de uma turba de beberrões, uma turba dos que buscam quem devore as bacantes com suas unhas ásperas e suas bocas afiadas, e lançando mão do testemunho do povo exacerba o nome do prazer, da doçura e da serenidade, aferrando-se na ideia de que ninguém poderá ser feliz sem esses. Se o acadêmico esbarra na disputa desses dois, ouve a ambos tentando atraí-lo cada qual para o seu lado. Mas se consente a esses ou àqueles, aqueles a quem ele abandona irão qualificá-lo de insano, inexperiente e temerário. E depois de ter ouvido diligentemente uma e outra parte, ao ser perguntado sobre sua opinião, responderá estar em dúvida. Pergunte agora ao estoico quem é melhor, se é o Epicuro, que afirma que ele é louco, ou o acadêmico, que implora ainda tempo para si a fim de deliberar sobre tão importante coisa. Ninguém duvida que o acadêmico terá a preferência. Dirige-te novamente a Epicuro e pergunta-lhe a quem prefere; se Zenão, que te qualificou de animal, ou a arquesilau, de quem ouves: talvez digas a verdade, todavia peço para verificar com mais atenção. Não fica claro que Epicuro considerará os estoicos como insanos, mas os acadêmicos como homens mais modestos e cautelosos do que aqueles?* (CÍCERO. Varro. Fragm. 34 t.A.).

Assim também Cícero oferece, de maneira bastante profusa, como que um espetáculo muito divertido a seus leitores, sobre os confrontos de praticamente todas as seitas, como que mostrando que não há ninguém que não atribua a si o primeiro posto, como é de se esperar, e conceda o segundo posto não a quem o contradiga, mas a quem se mostra em dúvida. Nisso não vou contrapor-me a ele, nem sequer conferir-lhe glória.

No fórum dos sábios, Agostinho, defendendo Cícero, acusa os acadêmicos de buscar a glória vã

7.17 Parece a muitos que nessa passagem Cícero não estaria brincando, mas quis seguir e recolher certas características vãs e fúteis que lhe aborrecia da leveza dos próprios gregos. Se quero fazer frente aqui a essa vaidade, o que pois me impede de demonstrar facilmente que é menos ruim ser indouto do que indócil? De onde se segue que aquele acadêmico, pequeno vanglorioso, se oferece como que para ser discípulo de alguém em particular, ninguém consegue persuadi-lo sobre aquilo que crê, a maioria desses, depois, acaba se rindo de seu consenso. Pois disso já julgam que qualquer um de seus adversários nada aprendeu, mas esse não consegue aprender nada. A partir de então ele será lançado para fora de todas as escolas, não a pauladas, o que seria mais vergonhoso do que molesto, mas com as chaves e bastões dos que usam o manto. Não será um bom negócio reivindicar o auxílio dos cínicos contra uma peste comum como se fosse um auxílio hercúleo. Mas se eu decidisse disputar com eles buscando essa glória vilíssima – o que creio que facilmente me seria concedido, a mim amante da sabedoria, mas ainda não sábio – o que poderiam argumentar contra isso? Suponhamos que eu quisesse lançar-me naquela disputa própria dos filósofos; todos estão ali presentes, e de acordo com o tempo concedido, cada um expõe brevemente suas opiniões. Pergunta-se a Carnêades qual é sua opinião. Ele afirma estar em dúvida. Eis que, assim, cada um irá preferir a ele do que aos demais. Portanto, todos irão preferi-lo a todos e será, sem dúvida, uma grande e altíssima glória. Quem não gostaria de imitá-lo? E quando eu for interrogado, responderei o mesmo, e o louvor será igualmente parecido. O sábio desfruta da glória, portanto, com a qual se equipara ao estulto? Mas se ele facilmente o supera? Não será motivo de vergonha? Pois, quando esse acadêmico sair do tribunal vou detê-lo, visto que a estultícia é mais ávida desse tipo de vitória. E, retendo-o, manifestarei aos juízes o que eles não sabem, dizendo: Eu, varões excelentíssimos, partilho em comum com este sujeito a dúvida sobre quem de vós segue o que é verdadeiro. Todavia, também nós temos nossas opiniões, sobre as quais peço que julgueis. Pois, para mim, muito embora tenha ouvido vossos pronunciamentos, não está claro onde está o verdadeiro, mas ignoro quem dentre vós seja sábio. Mas este nega também que o próprio sábio tenha ciência de alguma coisa, também nega a sabedoria de onde provém o nome de *sábio*. Quem, portanto, não vê a quem pertence a palma da glória? Pois, se meu adversário afirma tal coisa, supero-o em glória, mas se envergonhado confessa que o sábio tem ciência da sabedoria, supero-o pela opinião.

Os acadêmicos contendem contra a definição de Zenão sobre o verdadeiro

9.18 Todavia, afastemo-nos desse tribunal litigioso para algum lugar onde não sejamos molestados pela turba; oxalá seja a mesma escola fundada por Platão, que recebeu seu nome do fato de ser bastante retirada do povo. E ali, não vamos discutir já sobre a glória, que é passageira e pueril, mas vamos discorrer na medida de nossas forças sobre a própria vida e sobre certa esperança do ânimo bem-aventurado. Os acadêmicos negam que se possa ter ciência de alguma coisa. De onde tirais argumentos para concordar com isso, ó homens estudiosíssimos e doutíssimos? Somos motivados, disseram, pela definição de Zenão. Por que, pergunto-vos? Pois, se essa definição for verdadeira, aquele que a conhece sabe alguma coisa de verdadeiro; mas se for falsa, não deveria comover a pessoas tão constantes. Mas vejamos o que diz Zenão. Pode-se compreender e perceber algo como verdadeiro quando não apresenta caracteres comuns com o falso. É isso que te move, oh homem platônico, buscando afastar com todas as tuas forças os que buscam com empenho da esperança de aprender? E com isso, desistissem de toda e qualquer atividade de pensamento, lamentando-se ainda de certo torpor da mente?

Uma das duas coisas: ou não é busca de sabedoria ou é sabedoria

9.19 Mas como isso não iria trazer perturbação se não se pode encontrar tal coisa, e se não se pode conhecer a não ser o que é tal? Mas se for assim, seria preferível afirmar que no homem não pode dar-se sabedoria, do que afirmar que o sábio não sabe por que vive, não sabe como vive, não sabe se vive; e, por último – e nada se pode afirmar de mais perverso, de mais delirante e insano do que isso, a saber, que alguém seria sábio e ignoraria a sabedoria. O que é mais grave, portanto, dizer que o homem não pode ser sábio, ou que o sábio não tem ciência da sabedoria? E sobre isso não podemos discutir, se essa questão não for colocada de maneira satisfatória para poder ser julgada. Mas se isso fosse dito claramente, talvez os homens se afastassem totalmente do filosofar; e, ao contrário, eles devem ser atraídos pelo dulcíssimo e santíssimo nome da sabedoria, a fim de que, se tendo alcançado já uma idade avançada, nada tiverem apreendido, não venham a te execrar aqueles que, tendo deixado os prazeres do corpo, acabem te seguindo nos tormentos do espírito.

Os homens não devem ser afastados da busca da sabedoria

9.20 Analisemos, porém, quem são os que os dissuadem da filosofia. Serão os que dizem assim: Ouve, oh, amigo, chama-se de filosofia não à própria sabedoria, mas ao estudo e à busca da sabedoria; Se te aplicares à mesma, não serás sábio enquanto vives (pois a sabedoria está junto de Deus, e o homem não pode alcançá-la), mas se te exercitares suficientemente nesse estudo e te purificares, após essa vida, quando tiveres cessado de ser homem, teu espírito facilmente desfrutará dela? Ou serão os que dizem assim: Vinde, mortais, à filosofia. Nela encontrareis grande proveito, pois não há nada de mais valioso para o homem. Vinde, pois, para seres sábios e ignorares a sabedoria? Isso não foi dito por mim. Isso significa enganar, pois além disso nada irão encontrar em ti. Se fizeres assim como disseste, fugirão de ti como se fosses um insano; mas se, por outro lado, os induzires à tua opinião, tu os transformarás em insanos. Mas, suponhamos que os homens não querem aderir à filosofia igualmente por causa das duas opiniões. Se a definição de Zenão obrigasse a dizer alguma coisa de pernicioso da filosofia, crês que deveria mostrar ao homem de onde provém sua dor, ou antes aquilo a partir do que tu usas para fazer escárnio?

Discussão contra Arcesilas: ou se pode compreender o verdadeiro, ou então não há sabedoria

9.21 Apesar de nosso nível de estultícia, discutamos quanto nos é possível a definição de Zenão. Segundo ele, só pode ser compreendido o que se vê que aparece de tal modo que não pode aparecer como falso. Fica manifesto que nada além disso pode ser percebido então. Eu também, disse Arquelau, vejo as coisas dessa maneira e por isso ensino que nada pode ser percebido, visto que não é possível encontrar tal coisa. Talvez não possa ser encontrado por ti, e por outros ainda estultos, mas por que não pode ser encontrado pelo sábio? E julgo que nada se pode responder inclusive ao próprio estulto, se lhe pedes que, com aquela tua arguição memorável, refutes essa definição de Zenão, demonstrando que ela também pode ser falsa. Mas, se não conseguires, já tens nela uma percepção certa; mas se a refutares, não tens qualquer impedimento para perceber a verdade. Não vejo como eu possa refutá-la, e julgo-a totalmente verdadeira. Assim, uma vez que tenho ciência dela, muito embora eu seja estulto, sei de alguma coisa. Mas suponha que ele cede às tuas argúcias. Vou lançar mão de um dilema muito seguro aqui: Ou é verdadeira ou é falsa. Se for verdadeira, mantenho minha posição; se é falsa, alguma coisa deve poder ser percebida, mesmo que ela tenha sinais comuns com o falso. Como é possível isso, disse ele? Portanto, retruquei, a definição de Zenão é veríssima; tampouco errou quem quer que tenha concordado com essa. Devemos julgar como sendo pouco meritória e pouco íntegra aquela definição que mostra ser ela própria isso, a saber, uma definição que deverá fazer muitas objeções contra a possibilidade de percepção da verdade, designando como é aquilo que pode ser percebido? Ela é, portanto, definição e um exemplo de coisas compreensíveis. Ele respondeu: Se também essa é verdadeira, isso eu não sei; mas visto que é provável, demonstro, por conseguinte que nada existe que seja tal como ela mesma expressa poder ser compreendido. Talvez tua demonstração passe ao largo dessa definição, e, ao que julgo, vês o que se segue, a saber, que mesmo que não estejamos certos disso, nem por isso nos abandona a ciência. Isso porque sabemos que ou é verdadeira ou é falsa. E, portanto, sabemos alguma coisa. De qualquer modo, não será ela que me fará ser ingrato, e portanto julgo-a como uma definição veríssima. Ou se podem perceber também as coisas falsas, asserção que apavora os acadêmicos, e que é realmente coisa absurda; ou então não se podem perceber tampouco as coisas que são semelhantes ao falso. E, portanto, aquela definição é verdadeira. Mas o que se segue disso já é evidente.

Se percebemos de verdade alguma coisa (10,22-13,29)

Se Carnéades, cochilante, defende que nada se pode perceber

10.22 Muito embora essas argumentações sejam suficientes para a vitória, talvez não sejam suficientes para uma vitória completa. São duas as afirmações que fazem os acadêmicos, e contra as quais, na medida em que podemos, nos dispusemos a debater, a saber, *que nada se pode perceber de verdadeiro*, e *que a nada se deve assentir*. Sobre a questão do assentimento logo retornaremos. Agora digamos algumas poucas coisas sobre a percepção. Vós afirmais que não se pode compreender absolutamente nada? Neste ponto, Carnéades acordou. Ninguém dormira mais profundamente que ele, e olhando ao seu redor, buscou evidenciar as coisas. E assim, creio, falando consigo mesmo, como convém, eu disse: Carnéades, dirias que não sabes se és um homem ou uma formiga? Ou será que Crísipo triunfará sobre ti? Nós afirmamos não saber as coisas que se questionam entre os filósofos; as demais coisas não nos dizem respeito. Se eu titubeasse na luz cotidiana e vulgar, estaria apelando para aquelas trevas dos inexperientes, onde só conseguem ver certos olhos divinos; mas esses, mesmo vendo-me cambaleando e caindo, não podem favorecer aos cegos, e sobretudo aos arrogantes, e àqueles que têm vergonha de aprender alguma coisa. Avanças, oh astúcia grega, de forma suntuosa, bem--armado e pronto. Mas não reparas que aquela definição é uma invenção de um filósofo, fixada e fundada no vestíbulo da filosofia. Se tentares eliminá-la, a espada de dois gumes retornará sobre tuas próprias pernas; e uma vez tendo-a debilitado, não só se pode perceber algo, mas pode-se perceber inclusive aquilo que é muito semelhante ao falso, se não ousares destruí-la. Este é, portanto, teu esconderijo, de onde irrompes e saltas para fora com ímpeto sobre os incautos que desejam passar. Mas certamente irá surgir algum Hércules que te sufocará em tua caverna como aconteceu ao semi-homem Caco, recobrindo-te com seus blocos de pedra, ensinando haver algo na filosofia que não podes considerar incerto, como se fosse semelhante ao falso. É bem verdade que estava me dirigindo para outras coisas; quem quer que exija isso, oh Carnéades, te faz um grande insulto, julgando-te como se fosses um defunto, que pode ser superado em qualquer lugar e de qualquer modo por mim. Mas se não julga assim, não tem misericórdia, pois me obriga a abandonar sem preparação minha fortaleza e lutar contigo em campo aberto. E ao tomar o caminho para lá, aterrorizado só de ouvir teu nome, coloquei um pé atrás, e de um lugar superior lancei não sei que dardo. Aqueles que assistem e examinam nossa luta devem julgar se ele te atingiu e os efeitos que teve. Mas, afinal, o que estou temendo, eu tolo? Se bem me recordo, estás morto, e nem sequer Alípio luta ainda em favor do teu sepulcro. Seguramente Deus irá auxiliar-me na luta contra tua sombra.

Algumas contradições sobre o mundo que são verdadeiras

10.23 Afirmas, então, que na filosofia nada pode ser percebido de verdadeiro. E para difundir longa e amplamente tua proposta, lanças mão violentamente das rixas e das dissensões dos filósofos, e julgas poder servir-te delas como armas contra eles. Como, pois, poderemos julgar a discordância que havia entre Demócrito e seus antecedentes físicos a respeito da unidade do mundo e da multiplicidade, uma vez que sequer foi possível haver acordo entre ele e seu sucessor, Epicuro? Pois este pensador luxurioso, abraçando-se com seus átomos, ou seja, os corpúsculos, como se abraçasse veladamente suas concubinas, permite que esses sigam não a sua via reta, mas se desviem constante e espontaneamente. Mas assim dissipou também todo seu patrimônio com as disputas. Isso, porém, em nada me diz respeito. Se pertence à sabedoria ter ciência desse tipo de coisas, o sábio não pode ignorar isso. Mas se é alguma coisa diversa, o sábio tem ciência da sabedoria, e menospreza essas outras preocupações. Eu próprio, muito embora ainda muito distante da cercania do sábio, possuo algum conhecimento sobre esses naturalistas físicos. Tenho por certo que ou há um só mundo ou vários mundos, e se há vários mundos, ou são finitos ou infinitos. Seguramente Carnéades ensina que tal sentença é semelhante a uma sentença falsa. Igualmente sei que esse nosso mundo foi assim ordenado pela natureza dos corpos ou por alguma outra providência; que esse mundo sempre existiu e sempre existirá, ou começou a existir e jamais deixará de existir; ou que não teve início no tempo, mas terá um fim; ou que começou a subsistir e não permanecerá perpetuamente; e conhece inúmeros desses conhecimentos sobre o mundo físico. Na verdade, essas proposições são disjuntivas ou contraditórias, e ninguém poderá confundi-las por alguma semelhança com o falso. Mas o acadêmico me diz: Tens que escolher uma das partes da contradição. Não o farei, pois seria o mesmo que afirmar, abandona o que sabes e afirma o que não sabes. Mas tua opinião permanece então em suspenso. Melhor que fique em suspensão do que caia por terra; na verdade é, pois, clara, e pode ser dita ser falsa ou verdadeira. E afirmo que tenho ciência da mesma. Tu que negas que essas sentenças pertençam à filosofia, e afirmas que nada disso pode ser conhecido, prova-me que não tenho ciência dessas coisas. Diga que essas disjunções contraditórias ou são falsas ou que têm algo em comum com o falso, através do que elas se tornam totalmente indiscerníveis.

Se os sentidos corporais podem enganar-se em relação ao mundo, os sentidos da alma não podem se enganar

11.24 Mas como sabes que existe esse mundo, retrucou ele, se os sentidos se enganam? Os vossos argumentos racionais jamais conseguiram refutar a força dos sentidos, de modo que pudésseis nos convencer que nada se pode perceber verdadeiramente. E tampouco ousaste até o presente esse tipo de coisa. O que tendes vos ocupado com afinco foi tentar nos persuadir que o ser pode ser diferente do aparecer. Eu, portanto, chamo de mundo a tudo isso que nos contém e nos sustenta de algum modo, a isso que aparece aos meus olhos, isso que sinto pelos sentidos existir como terra e céu, ou como que uma terra e como que um céu. Se afirmas que não vejo nada disso, então jamais errarei, pois erra aquele que aprova temerariamente aquilo que lhe aparece. Isso porque vós afirmais que o falso pode ser visto através dos sentidos, todavia jamais dizeis que nada pode ser visto. Portanto, fica suprimida qualquer razão que justifique a continuação da disputa – coisa que vos é muito amável – caso não só nada saibamos, mas também nada nos aparece. Mas se negas que isso que me aparece é o mundo, estás criando uma controvérsia etimológica, visto que eu afirmei que ele se chamaria *mundo*.

Se a ideia dos números pode ser percebida

11.25 Mesmo quando dormes, responderá ele, o mundo é esse que vês? Já foi dito, o que quer que me apareça, a isso chamo de mundo. Mas se mesmo queres chamar de mundo só àquilo que é visto pelos que estão acordados ou também aos sadios, é uma tese que podes defender, mas é preciso que defendas também, se podes, que aqueles que dormem e deliram não dormem nem deliram no mundo. E por isso mesmo afirmo que toda essa massa ou essa máquina de corpos na qual estamos, seja dormindo, seja em alucinação, seja acordados ou sadios, ou é una ou não é una. Explica detalhadamente como pode uma tal sentença ser falsa. Se durmo, portanto, pode acontecer que eu nada diga. Ou se acontecer, como é muito usual, de no sono fugirem algumas palavras, pode ser que eu não as diga aqui, sentado onde estou, e nem a esses ouvintes; todavia não pode ser que isso seja falso. Tampouco afirma que me dou conta disso porque estou acordado, pois podes me objetar que isso poderia me acontecer também quando estou dormindo, e que isso teria, portanto, grande semelhança com algo falso. Se há, pois, um mundo e mais seis mundos, é manifesto que somam sete mundos, seja qual for o modo como essa percepção me afeta, e posso afirmar saber isso de maneira bem-pensada. Demonstra-me a razão por que essas conexões ou aquelas disjunções contraditórias que mencionei acima podem ser falsas, em função do sono, da alucinação ou da inconstância dos sentidos, e me darei por vencido quando acordar e delas me recordar. Creio, pois, já ter esclarecido de maneira suficiente aquelas coisas que parecem ser falsas pelo sono e pela demência, a saber, aquelas coisas que fazem parte do corpo sensível, uma vez que três vezes três será nove, e o quadrado de números inteligíveis é necessário que seja verdadeiro mesmo que todo o gênero humano ronque em sono profundo. Além do que, me parece haver muitas coisas que se podem dizer em favor dos sentidos, que os próprios acadêmicos não repreendem. Creio que não se devem acusar os sentidos se os que sofrem de alucinações têm imaginações falsas, nem tampouco se no sono vemos coisas que são falsas. Se eles anunciaram àquele que está acordado e ao sadio coisas verdadeiras, nem por isso se deve atribuir a eles aquilo que o ânimo imagina quando dorme ou quando é insano.

O sentido do espírito não se engana sobre qualquer forma do corpo

11.26 Resta a inquirir apenas se, quando os sentidos nos anunciam alguma coisa, anunciam o verdadeiro. Suponhamos que um epicureu afirme: nada tenho a queixar-me em relação aos sentidos. É injusto, portanto, exigir deles mais do que aquilo que podem nos informar. O que quer que os olhos possam ver, sempre veem o verdadeiro. Portanto, será verdadeiro aquilo que percebem de um remo dentro da água? Seguramente, pois existe uma causa por que aparece desse modo; Se, mergulhado na água, o remo parecesse ser reto, com mais razão acusaria meus olhos de me informarem falsamente. Uma vez que não veriam aquilo que deveriam ver, havendo tais causas. Mas para que continuar com isso? Poderíamos acrescentar inumeráveis outros exemplos, como o movimento das torres, das penas das aves etc. Mas alguém dirá: Se eu assentir a isso, me engano. Não se deverá assentir mais do que aquilo de que estás persuadido que assim te aparece, e de modo algum serás enganado. Não consigo ver como o Acadêmico pode refutar aquele que afirma: Sei que vejo isso como branco, sei que o que ouço me agrada; sei que esse cheiro me agrada, sei que esse sabor me é doce; sei que isso é frio para mim. Diga-me, ao contrário, se por si são amargas as folhas da oliveira silvestre, de que a cabra tanto gosta. Oh, homem desprezível, a própria cabra não é mais modesta que tu? Não sei como elas sabem ao animal, todavia para mim são amargas. Que mais queres saber? "Todavia pode haver alguém entre os humanos a quem elas não sejam amargas". Queres mesmo continuar a molestar-me? Por acaso eu disse que são amargas para todos? Eu o disse de mim, e não afirmo isso para sempre. E se alguma coisa nos parece ora doce, ora amarga, em função de causas diversas? Uma coisa eu afirmo: ao degustar alguma coisa, o homem pode jurar de boa-fé saber, por seu paladar, que aquilo é agradável, ou jurar o contrário, e não haverá sutileza grega alguma que o possa afastar desse saber. Quando estou saboreando alguma coisa gostosa, ninguém em sã consciência poderá me dizer: Talvez não estejas degustando isso, é apenas impressão do teu sonho. Todavia não revido, uma vez que, mesmo no sono, isso me deleitaria. A razão é que isso de que eu disse ter ciência jamais pode ser confundido com algo semelhante ao falso. E Epicuro ou os cirenaicos acrescentam ainda muitas outras razões em favor dos sentidos, contra as quais, ao que posso compreender, os acadêmicos nada rebateram. Mas o que eu tenho a ver com isso? Se querem e podem refutar isso, podem até contar comigo. O que quer que eles defendam contra os sentidos não se aplica a todos os filósofos. Há quem confesse que tudo isso que o espírito pode adquirir através dos sentidos do corpo pode gerar opinião, mas não ciência. Eles afirmam que a ciência é própria da inteligência e vive na mente, distanciada dos sentidos. Quem sabe se entre eles não está também o sábio que estamos procurando. Mas sobre isso, vamos tratar noutra ocasião. Agora passemos para os demais pontos que, em função daquilo que já foi dito, se não me engano, poderá ser explicitado com poucas palavras.

Cada um dos costumes que são chamados de disjuntivos contraditórios são verdadeiros

12.27 E, para aquele que interroga sobre os costumes e a moral, em que ajudam ou atrapalham os sentidos do corpo? Mas nada impede aqueles mesmos que colocam no prazer o bem supremo e verdadeiro do homem de afirmar terem ciência de deleitar-se a partir daquilo que deleita e de ficarem molestados a partir daquilo que os fustiga, nem o colo da pomba, nem a voz incerta, nem o peso grave para o homem que para o camelo é leve e uma infinidade de outras coisas. E não vejo como se possa refutar isso. E tampouco impressionam aquele que pela mente leva à perfeição a finalidade do bem. Qual dentre esses tu escolhes? Se me perguntas o que acho em relação a isso, julgo que o sumo bem do homem reside na mente. Mas agora estamos indagando sobre a ciência. Pergunta ao sábio, que não pode ignorar a sabedoria; mas, quanto a mim, que sou lento e estulto, me é permitido saber que o fim humano do bem, no qual reside a vida feliz, ou não existe ou está no espírito ou no corpo ou em ambos. Se podes, convença-me de que não tenho ciência de tal coisa, uma vez que aqueles vossos raciocínios ilustríssimos não podem me convencer disso. Mas se não puderes empreender tal coisa e não descobres nada que seja semelhante ao falso, então irei duvidar que vejo com clareza que o sábio tem ciência do que é verdadeiro na filosofia, uma vez que eu próprio conheço tantas coisas verdadeiras?

Mesmo que os sentidos do corpo possam se enganar ao agir, os sentidos do espírito não se enganam

12.28 Mas talvez tema que, estando dormindo, não escolha o sumo bem. Não há qualquer perigo disso, visto que ao acordar repudiará o que lhe desagrada e acolherá o que lhe agrada. Quem, pois, vituperará com razão alguém que vê coisas falsas no sonho? Ou talvez venhas a temer que possas perder a sabedoria quando dormes, se comprovar coisas falsas no lugar das coisas verdadeiras? Mas isso nem alguém que dorme ousaria sequer sonhar, chamando de sábio ao desperto e negando sê-lo quando dorme. Essas coisas podem ser ditas também em relação ao delírio. Mas urge que passemos para outras questões. Todavia, não vou deixar esses pensamentos sem uma conclusão certíssima. Ou se perde a sabedoria pela demência, e já não será sábio aquele que acusais de ignorar o verdadeiro, ou sua ciência permanece no intelecto, mesmo que a outra parte do espírito imagina que aquilo que recebe dos sentidos tem a mesma realidade do sonho.

Se as coisas compreendidas pela dialética podem ser percebidas

13.29 Nos resta a examinar a dialética, que certamente o sábio conhece bem, pela qual ninguém poderá conhecer o falso. Se ele não a conhece, o conhecimento da mesma não pertence à sabedoria, uma vez que pode ser sábio sem a mesma. E é supérfluo perguntar se é verdadeira e se pode ser percebida. Nesse ponto, talvez alguém me diga: Costumas demonstrar, oh homem estulto, o que sabes, ou sequer tiveste noção do que seja a dialética? Mas eu sei dela muito mais coisas do que de qualquer outra parte da filosofia. Pois, em primeiro lugar, foi ela que me ensinou serem verdadeiras todas aquelas proposições de que lancei mão acima. E consequentemente, através dela, sei de muitas outras coisas verdadeiras. E, se puderes, contai-as. Se no mundo há quatro elementos, não são cinco. Se o sol é uno, não são dois. Uma alma não pode morrer e ser imortal. O homem não pode ser simultaneamente feliz e miserável. Aqui neste lugar não pode brilhar o sol e ser noite ao mesmo tempo. Agora estamos acordados ou dormimos. O que me parece ver ou é um corpo ou não é um corpo. A dialética ensina que essas e muitas outras coisas, que levaria muito tempo para mencionar agora, são verdadeiras, são verdadeiras em si mesmas, seja lá qual o modo que se portem ou o estado de nossos sentidos. Ela me ensinou que se tomarmos a parte antecedente de cada uma das conexões que acima propus, esta levará consigo anexada necessariamente também a outra parte. E as proposições que enunciei em forma de oposição ou de disjunção contraditória, é de sua natureza que se lhe for retirada uma disjuntiva, seja essa composta de uma ou múltiplas coisas, resta algo firmado justamente pela exclusão das mesmas. Também me ensinou que, quando se está tratando de uma coisa, ou de uma questão, em virtude da qual se lança mão de palavras, não se deve criar contendas em torno das palavras. Mas se alguém o fizer, supondo que o faça por imperícia, deve ser instruído; se o faz por malícia, deve ser deixado de lado; se não se puder ser instruído, deve ser exortado para que empreenda alguma outra coisa, e não gaste seu tempo em coisas supérfluas. Se for renitente a isso também, deve ser abandonado. Sobre os raciocínios capciosos e falaciosos, há um preceito muito lapidar: Se se infere algo por ter concordado erroneamente com alguma outra coisa, deve-se revisar aquilo que se concordou. Se o verdadeiro e o falso confluírem numa só conclusão, deve-se tomar aquilo que se compreende claramente e deixar de lado aquilo que não se pode explicar. Se nalgumas coisas sua forma ou medida for completamente oculta ao homem, não se deve buscar sua ciência. Tudo isso aprendi, portanto, da dialética, e muitas outras coisas das quais não há necessidade de mencionar aqui. Não devo ser ingrato. Na verdade, o sábio negligencia essas coisas, ou então, supondo que a dialética perfeita é a própria ciência da verdade, conhece-a de tal modo que sufoca lentamente aquele sofisma extremamente indigente deles, a saber, *se é verdadeiro, é falso; se é falso, é verdadeiro*. Sufoca-o pelo desprezo e não o deixando morrer de fome. Julgo que o que eu disse seja suficiente quanto à questão da percepção, uma vez que, quando eu começar a falar sobre o assentimento, toda essa questão será recapitulada.

Se é necessário que aprovemos alguma coisa ou demos nosso assentimento a alguma coisa (14,30-17,37)

Quando se vê com sabedoria é necessário assentir

14.30 Já chegamos naquele ponto em que vemos Alípio ainda hesitante. E vejamos primeiramente o que e como é isso que o faz agir com tanta argúcia e cautela. Isso porque, se a opinião dos acadêmicos, corroborada, como dissestes, por tantos e tão bem-fundamentados argumentos, pela qual lhes agrada afirmar que o sábio nada sabe, for derribada por tua intuição de que o sábio tem ciência da sabedoria – o que somos obrigados a confessar ser muito mais provável que o argumento deles –, tanto mais se deve coibir o assentimento. Pois, através disso fica demonstrado que não se pode conseguir qualquer persuasão da parte adversária, com muitos e subtilíssimos argumentos, frente aos quais, supondo que tenha algum engenho, não se ofereça resistência, não menos perspicaz ou talvez até com mais virulência. Isso faz com que, quando um acadêmico é vencido, se torne vencedor. Oxalá seja vencido! Apesar de sua artimanha grega, infelizmente não acontece de ele, vencido e vencedor, finalmente se afastar de mim. Certamente, se nada mais se encontra que possa ser dito contra esses argumentos, de plena anuência vou declarar-me vencido. Mas aqui não estamos buscando conquistar a glória, mas tratamos da busca da verdade. Para mim, é suficiente suplantar de algum modo essa matéria que se posta no caminho dos que ingressam na filosofia, a qual encobrindo esta ciência de trevas, que surgem de não se sabe que antro, insinua que toda a filosofia estaria assim obscurecida, e nada nela permitiria então esperar que se encontre um pouco de luz. Mas o que desejo ainda, se já é provável que o sábio tenha ciência de alguma coisa? Não havia outra razão que justificasse que se deva suspender o assentimento ao verossímil, portanto, a não ser o fato de que era verossímil que nada pode ser compreendido. Uma vez tendo sido removido esse obstáculo, o sábio percebe, portanto, a própria sabedoria, como já concordamos. E já não há motivo algum para que o sábio não dê seu assentimento à própria sabedoria. Sem sombra de dúvidas, é mais absurdo o sábio não aprovar a sabedoria do que o sábio não ter ciência da sabedoria.

Se o sábio não pode aprovar a sabedoria

14.31 Peço agora que, por um instante, figuremos diante de nossos olhos um tal espetáculo, se pudermos, a saber, certa rixa do sábio e da sabedoria. O que dirá, pois, a sabedoria a não ser que é sabedoria? E este, ao contrário, dirá: Não creio. Quem dirá à sabedoria: Não creio que és a sabedoria? Quem, a não ser aquele com quem ela pode conversar, e em quem ela se dignou morar, a saber, o sábio? Ide agora para pedir que eu lute com o acadêmico, e já tendes uma nova luta, o sábio e a sabedoria lutam entre si. O sábio não quer dar seu assentimento à sabedoria, e eu espero tranquilamente junto a vós; quem, pois, não crê que a sabedoria é invencível? Todavia, munamo-nos com algum dilema. Nessa disputa, ou o acadêmico vence a sabedoria, e será por mim vencido uma vez que não é sábio, ou ele será por ela superado e então ensinaremos ao sábio a dar seu consentimento à sabedoria. Portanto, ou o acadêmico não é sábio, ou então o sábio dá seu assentimento a alguma coisa, a não ser que, talvez, aquele que teve vergonha de afirmar que o sábio não tem ciência da sabedoria não tenha vergonha de afirmar que o sábio não dá seu assentimento à sabedoria. Mas se já é verossímil que ao sábio convenha em certa medida já a percepção da própria sabedoria, e não há razão por que não se dê assentimento ao que pode ser percebido, vejo então que aquilo que eu queria demonstrar é verossímil, a saber, que o sábio deve dar seu consentimento à sabedoria. Se me perguntares onde ele encontra essa sabedoria, respondo: Em si mesmo. Se insistes afirmando que ele não tem ciência do que tem, acabas recaindo no mesmo absurdo de antes, a saber, que o sábio não conhece a sabedoria. Mas se negas que se possa encontrar o próprio sábio, teremos que começar então outra discussão, debatendo agora não com o acadêmico mas contigo, seja lá quem fores que tens essa opinião. Pois quando eles debatem essas coisas, seguramente debatem sobre o sábio. Cícero proclama a si mesmo como sendo *um grande propagador de opinião, mas que suas questões voltam-se para o sábio* (CÍCERO. *Lucullus*, 20,66). E se vós, oh jovens, ainda não lestes essa passagem, certamente já lestes no *Hortênsio*: *Se, portanto, nada há de certo nem é próprio do sábio opinar, nada jamais aprovará o sábio* (CÍCERO. *Hort.* Fragm. 100, t.A). De onde fica claro que eles, com suas disputas, estão investigando sobre o sábio. E é contra essas disputas que nós nos esforçamos agora.

Quem percebe aprova

14.32 Julgo portanto que, para o sábio, a sabedoria é algo certo, isto é, o sábio tem percepção da sabedoria. E por causa disso ele não opina ao dar seu assentimento à sabedoria; ele dá seu assentimento, pois a uma coisa que, se ele não percebesse com certeza, não seria sábio. Tampouco estes afirmam que alguém não deva dar o assentimento, a não ser para coisas que podem ser percebidas como certas. Assim, portanto, a sabedoria não é coisa nenhuma. Portanto, quando tem ciência da sabedoria e quando dá seu assentimento à sabedoria, não se pode dizer que o sábio nada sabe nem que não dá seu assentimento a alguma coisa. Que mais quereis? Devemos inquirir mais alguma coisa sobre aquele erro, que eles afirmam poder evitar completamente se o espírito não cede à inclinação de dar seu assentimento a coisa alguma? Eles afirmam que erra quem quer que aprova não só uma coisa falsa, mas também duvidosa, muito embora seja verdadeira. Eu, porém, descobri que não há nada que não seja duvidoso. Mas o sábio, como dizíamos, encontra a própria sabedoria.

Quem nada aprova nada empreende

15.33 A essa altura, talvez, já queirais que eu me retire dessa argumentação. Digo que não é fácil abandonar as coisas que são seguríssimas, pois estamos tratando com homens muito astutos. Todavia, vou portar-me como desejais. Mas o que vou dizer-vos aqui? O que? O que pois? Temos de retornar certamente àquele argumento antigo, sobre o qual também eles têm algo a dizer. Mas o que farei se me compelis para fora de meu acampamento? Será que devo agora implorar o auxílio dos mais doutos, pois, se com sua ajuda não consigo vencer, pelo menos, minha derrota seria menos vergonhosa? Vou lançar, com todas as forças possíveis, o dardo certamente já ressequido e um tanto áspero, mas, salvo engano, sempre muito eficiente: *quem nada aprova nada empreende* (SENSI EMP. *Adv. Math.*, 7, 158). Oh, homem campesino! E onde está o provável? Onde foi dar o verossímil? É isso que queríeis. Não ouvis como tinem os escudos gregos? Certamente foram atingidos com algo fortíssimo, mas com que mão nós o lançamos? E esses que estão comigo não conseguem me sugerir algo de mais potente. Como posso ver, não conseguimos infligir nenhum ferimento. Vou voltar-me aos argumentos que me ministram o campo e a fazenda. Coisas maiores que isso mais me causam dificuldades do que auxílio.

Quem não incide em erro conta mentiras

15.34 Quando matutava sossegadamente nesse campo, de que modo, pois, esse provável ou verossímil poderá defender nossa causa do erro, pareceu-me primeiramente, como costumava parecer quando vendia essas coisas, estar convenientemente protegido sob um teto e bem munido. Depois, quando analisei tudo com circunspecção e mais cautela, me pareceu ver uma possibilidade de o erro irromper naqueles que se julgam seguros. Julgo que erram não somente aqueles que seguem uma via falsa, mas também aqueles que não seguem a verdadeira via. Suponhamos, portanto, dois caminhantes que se dirigem para um mesmo lugar, um dos quais decidiu não crer em nada, e outro seria demasiadamente crédulo. Então alcançam uma encruzilhada. Aqui aquele homem crédulo se dirige a um pastor que se encontra próximo, ou a algum outro camponês, e diz: Salve, bom homem, diga-me te imploro que caminho tomar para chegar a tal lugar. O outro lhe responde: Se seguires esse caminho, não errarás. E ele então diz ao seu companheiro: Ele nos disse a verdade, vamos por aqui. Mas o homem muito cauteloso se ri dele, e zomba jocosamente de tão pronto assentimento, e enquanto o outro toma seu caminho, este se posta parado na encruzilhada. Todavia, estar ali parado, já começa a parecer-lhe algo torpe. E eis que do outro lado da estrada aparece alguém montado a cavalo, com aspecto elegante e fino e dele se aproxima. Este se congratula de sua chegada, depois de saudá-lo, indica-lhe o que deseja e lhe pede qual o caminho a seguir. Conta-lhe igualmente o motivo de sua detença naquele lugar e para conquistar sua benevolência, que prefere sua informação à informação do pastor. Mas acontece que, por azar, aquele homem era precisamente um charlatão, desses que o povo já começa a chamar de *Samardocos*. Mesmo sem qualquer razão para isso, aquele homem péssimo fez o que lhe era de costume. Siga esse caminho, disse ele, pois eu próprio venho dali. Enganou o coitado e prossegui seu caminho. Mas por que razão foi enganado este homem? Eu, disse ele, não aprovo essa indicação como verdadeira, mas porque é verossímil. E ficar aqui ociosamente não é algo honesto e muito menos útil. Vou fazer-me a caminho. Enquanto isso, aquele que errara, dando tão prontamente seu assentimento e julgando que as palavras do pastor eram verdadeiras, já estava descansando no lugarejo em que tencionava ir. Mas este, que não erra, porquanto segue o que é provável, perambulava por não se sabe que florestas, sem encontrar ninguém que conhecesse o lugar ao qual ele se propusera chegar. Digo-vos a verdade, quando estava pensando essas coisas, não pude conter o riso pelo fato de que aquele que segue as palavras dos acadêmicos, não sei como, erra ao manter-se, mesmo que por acaso, na verdadeira via. Mas aquele que foi conduzido, pelas informações prováveis, por montes sem caminhos, e não encontra a região que buscava, parece não errar. Mas a fim de condenar justificadamente uma concessão temerária, é mais fácil afirmar que ambos erram do que afirmar que este não erra. Depois disso, tomando mais em consideração e precaução contra essas palavras, comecei a considerar os próprios fatos e costumes dos homens. E me vieram à mente tantas coisas e tão importantes que já não conseguia rir, mas, ao contrário, em parte sentia repugnância e indignação, e em parte sofrimento, ao perceber que homens assim tão doutos e aguçados no espírito se vissem arrastados por opiniões tão criminosas e delituosas.

Quem erra peca

16.35 Mas talvez seja certo que nem todo aquele que erra peca. Mas é consenso de que todo aquele que peca erra, ou algo de pior. Todavia, suponha-se que algum dos jovens ouça aqueles afirmando: Errar é algo torpe, e por isso não se deve consentir com coisa alguma. Mas quando alguém age segundo o que lhe parece ser provável, não peca nem erra. Deve apenas se lembrar de não aprovar como verdadeira qualquer coisa que lhe ocorra, seja proveniente de seu espírito, quer seja de seus sentidos. Quando o jovem ouve falar tal coisa, procurará preparar uma armadilha impudica à mulher do próximo. Busco o conselho teu, justo o teu, o M. Túlio, pois estamos tratando da vida e dos costumes dos jovens, de cuja *educação e formação* (CÍCERO. *De div.*, 2,2,4) cuidaram de tratar todos os teus escritos. O que irias dizer de tudo isso, a não ser que não julgas provável que o jovem vá fazer tal coisa? Mas para eles, é provável que ele assim aja. Isso porque, se vivemos orientados pelo que é provável aos outros, nem sequer tu deverias ter administrado o poder público, visto que para Epicuro, isso não deveria ser feito. Agindo assim, portanto, aquele jovem cometerá adultério com a mulher alheia. Mas se ele for surpreendido com ela, onde poderá te encontrar para que o defendas? E mesmo que ele te encontre, o que irás dizer? Seguramente negarás a responsabilidade. Mas se o caso for tão óbvio que seria vão tentar dissimular? Seguramente procurarias persuadi-lo, como aconteceu no ginásio de Cuma e de Nápoles, de que ele não pecou e muito menos errou. Ele não se persuadiu que fosse verdadeiro dever praticar o adultério, pareceu-lhe ser provável, então seguiu essa ideia, e praticou-o. Ou talvez não o praticou, mas lhe pareceu de tê-lo feito. O marido, um homem tolo, agora perturba todo mundo com litígios reclamando o reconhecimento da castidade de sua esposa, com a qual agora dorme, sem saber do que aconteceu. Se os juízes compreenderem com inteligência essa lite, desprezam a defesa dos acadêmicos e irão castigá-los por um veríssimo crime, ou, obedecendo aos mesmos, irão condenar aquele homem, levando em consideração a verossimilhança e probabilidade, de modo que o defensor deste já não saberá mais o que fazer. Não haverá, portanto, em quem descarregar sua ira, visto que todos afirmam não ter errado em nada, pois não dando seu assentimento, aquilo que lhes pareceu ser provável, isto mesmo fizeram. Deporá, portanto, o papel de advogado e adotará o papel de filósofo consolador. E assim, facilmente poderá persuadir o jovem, que na Academia já tantos progressos fizera, que considere ter sido condenado, como se estivesse sonhando. Vós, porém, achais que estou brincando. Posso jurar por tudo que é divino que não mais saber como esse poderia ter pecado, se é verdade que alguém que age segundo o que lhe parece provável não peca. A não ser, talvez, que em tudo isso, digam que errar e pecar são coisas diversas, e agindo segundo seus preceitos não erraríamos, mas que pecar para eles não seria coisa grave.

Seguindo sua própria opinião não há necessidade de precaver-se do pecado

16.36 Não digo nada dos homicídios, parricídios, sacrilégios e todos os demais crimes e delitos, que cometem ou tramam cometer, frente aos quais se defendem com poucas palavras, e o que é mais grave, frente a juízes sapientíssimos. Não dei meu assentimento a nada, e portanto não errei. Como, pois, não fazer aquilo que parece ser provável? Quem, pois, não julga ser possível que alguém possa ser convencido por esse provável que leia, então, o discurso de Cantilina, que busca persuadir sobre o parricídio da pátria, um crime que é o resumo de todos os crimes. Mas quem não se ri dessas afirmações? Aqueles afirmam que, ao agir, não seguem outra coisa do que o provável, e buscam acima de qualquer coisa a verdade, uma vez que é bastante provável que eles não possam encontrá-la. Oh, admirável absurdo! Mas deixemos isso de lado, pois não nos diz respeito, pouco nos ajuda no discernimento de nossa vida, e pouco nos diz sobre o perigo de nossos destinos. Mas o mais grave, o mais terrível, o que mais deve ser temido por quem é direito, que todo crime pode ser cometido, não só sem qualquer condenação do delito, mas também sem qualquer condenação do erro, quando for cometido segundo a razão do provável, a saber, que parece que o provável deva ser feito de tal modo a que não se dê assentimento a nada como verdadeiro. Que mais poderíamos dizer? Será que eles não viram essas consequências? Ao contrário, eles viram isso com extrema argúcia e prudência. Eu, tampouco, de modo algum ousaria colocar-me como sequaz de Marco Túlio, quanto à prudência, clarividência, engenho e ensinamento. Mas ele afirma que o homem nada pode saber. Todavia, se alguém apenas objetasse "tenho ciência de que isso me parece ser assim", de modo algum ele poderia refutar tal afirmação.

Se os acadêmicos guardaram os preceitos de Platão em favor dos mistérios (17,37-19,41)

A quem Platão prestou ouvidos e o que ele tomou dos antigos

17.37 Por que, pois, teria agradado a tantos homens empenhar-se com disputas eternas e pertinazes, ensinando a opinião de que a ciência do verdadeiro não se dá em ninguém? Ouvi-me agora, com um pouco mais de atenção, pois quero explicitar, na medida em que posso, qual me parece ser todo o propósito dos acadêmicos. Platão, o homem mais sábio e mais erudito de sua época, se expressava de tal modo que o que quer que dissesse, em sua boca tornava-se grande, e expressava as coisas de tal modo a não torná-las pequenas. Após a morte de Sócrates, seu mestre, a quem dedicou especial predileção, Platão aprendera muitas coisas também dos pitagóricos. Mas Pitágoras, insatisfeito com a filosofia grega, que à época quase não existia ou quase não aparecia, depois de passar a acreditar na imortalidade da alma, motivado pelas disputas de certo Ferécides da Síria, partiu em peregrinação para muitos lugares a fim de ouvir outros sábios. Platão, acrescentando à jovialidade e sutilidade socrática presente em sua moral, a habilidade das coisas naturais e divinas, que ele sorveu diligentemente da escola que vos mencionei há pouco, e acrescentando-lhe ainda a dialética como se fosse uma ciência que forma e julga suas partes, afirmando inclusive ser essa a condição e possibilidade de haver ou não sabedoria, afirmou ter formado a disciplina filosófica perfeita. Mas sobre isso não nos resta tempo para discorrer aqui. É suficiente para o que tenho em mente adiantar que Platão era de opinião que havia dois mundos: um mundo inteligível, no qual habitava a própria verdade; e este mundo sensível, que nos é manifesto senti-lo através da visão e do tato. Assim, aquele mundo era verdadeiro, e este era verossímil e feito à imagem daquele. E, portanto, daquele mundo pode-se gerar a verdade na alma – que conhece a si mesma –, a verdade com limpidez e serenidade; deste, pode-se gerar a opinião, mas não a ciência, na alma dos estultos. Todavia, o que quer que se empreenda neste mundo através daquelas virtudes chamadas de civis, só pode ser chamado de verossímil; essas virtudes são semelhantes àquelas outras virtudes verdadeiras, que são totalmente desconhecidas, exceto a poucos sábios.

Polemon e Arcesilas guardaram os ensinamentos mistéricos contra o Zenão platônico

17.38 Foram essas e outras coisas, ao que me parece, o que se conservou e resguardou, na medida do possível, entre seus sucessores, em favor dos ensinamentos mistéricos. Ora, ou essas coisas não podem ser percebidas assim tão facilmente a não ser por aqueles que se purificam de todos os vícios, reivindicam para si exercer um certo costume de viver mais que humano, ou então peca gravemente quem quer que, tendo ciência das mesmas, queira ensiná-la aos homens. Desse modo, Zenão, príncipe dos estoicos, tendo já ouvido e crido em certas doutrinas, veio ter com a escola deixada por Platão, dirigida na época por Pólemon. Parece-me que ele tenha sido considerado suspeito, de tal modo que não se deveria expor e transmitir-lhe facilmente aquela visão que era para a escola platônica como que uma doutrina sacrossanta, a não ser que primeiro ele se desfizesse daqueles ensinamentos que ele aprendera de outras escolas e que introduzira na academia. Tendo morrido Polemon, foi sucedido por Arcesilas, condiscípulo de Zenão, mas que obedecia aos ensinamentos de Polemon. Por essa razão, quando Zenão se alegrava de ter criado certa opinião ou doutrina sobre o mundo, e sobretudo a respeito da alma – em função da qual monta guarda a filosofia – afirmando ser esta mortal, e que nada haveria além desse mundo sensível, que nada pode agir nele a não ser o corpo, uma vez que o próprio Deus foi chamado de fogo, então Arcesilas, com muita prudência e noção de utilidade, na minha opinião, e vendo que o mal estava se difundindo sorrateiramente, tratou de ocultar inteiramente o ensinamento da academia, encobrindo-o qual ouro, para que as gerações posteriores pudessem encontrá-lo. E uma vez que a turba está muito mais propensa a cair nas falsas opiniões, e por que se dá mais facilmente crédito, infeliz e danosamente, ao costume corpóreo de que tudo seria corpóreo, esse homem agudíssimo e generosíssimo decidiu desensinar antes àqueles que ele tinha de tolerar sendo mal-instruídos, do que ensinar àqueles que não julgava poderem aprender. Eis donde surgiu tudo que se atribui à nova academia, visto que os antigos não tinham necessidade desse ensino.

Também Carnéades atuou contra Crísipo

17.39 Mas, suponhamos que Zenão acordasse em certa ocasião e visse que nada se podia compreender a não ser aquilo que ele próprio definia, que uma tal coisa não pode ser encontrada nos corpos, aos quais ele tudo atribuía. Há muito tempo então já teria se extinguido esse gênero de disputas que havia sido deflagrado por uma grande necessidade. Mas Zenão, enganado pela falsa imagem de constância que tinha, ao que era de parecer aos próprios acadêmicos, e como eu próprio não posso deixar de ver, continuou pertinaz em sua ideia, e sua crença perniciosa dos corpos, de certo modo, pôde prosseguir em Crísipo, que lhe deu grande difusão com suas forças, pois tinha capacidade para tanto. Todavia, Carnéades, que era mais agudo e clarividente que os demais predecessores, ofereceu-lhe tal resistência que é de se admirar que aquela opinião tenha conseguido sobreviver ainda posteriormente. Primeiramente Carnéades abandonou aquele costume impudico de caluniar, pelo qual via Arcesilas sendo não pouco difamado, a fim de não parecer querer ser contra tudo e contra todos por pura ostentação, mas tomou o propósito pessoal de destruir e erradicar os próprios estoicos e a Crísipo.

Carnéades ensinou que se pode agir quando se dispõe do verossímil e do provável

18.40 Depois, viu-se pressionado de todos os lados, pois se alegava que, se não pode dar o assentimento a nada, nada pode fazer o sábio (oh, homem admirável, mas ao mesmo tempo pouco admirável, visto que derivou sua doutrina das fontes platônicas). Começou a observar com esperteza quais eram as ações aprovadas por aqueles, e acabou chamando de verossímeis àquelas coisas que lhe pareciam ser semelhantes às verdadeiras, as quais se segue neste mundo ao agir. Começou a perceber por sua experiência a que coisas eram semelhantes, e ocultar com muita prudência ao que chamava de provável. Quem quer que veja seu modelo originário, vê bem a probabilidade da cópia. Todavia, como o sábio poderá aprovar ou como o semelhante poderá seguir o verdadeiro, se ignora o que seja o próprio verdadeiro? Portanto, eles conheciam a aprovavam coisas falsas, nas quais notavam a louvável imitação de coisas verdadeiras. Mas visto que não era lícito nem fácil demonstrar isso a pessoas como que profanas, deixaram certos sinais de seus ensinamentos para a posteridade e para os que em sua época conseguiam compreender. Eles proibiam aos bons dialéticos, com insultos e zombarias, de levantar questões sobre meras palavras. E por essa razão se diz que Carnéades é o cabeça e o autor da terceira academia.

Por último, o próprio Cícero atuou contra Antíoco

18.41 Depois, esse conflito, já praticamente exaurido, durou até nosso Cícero, e com um alento terminal, buscando inflacionar a literatura latina. Pois, para mim, não há nada mais inflacionário do que alguém, que não esteja convencido de sua opinião, começar a proferir tantas coisas, de maneira copiosa e rebuscada. Também aquele platônico vazio, chamado Antíoco, acabou sendo dissipado e disperso a contento por esses mesmos ventos. Isso porque os rebanhos epicureus instalaram seus estábulos ensolarados no ânimo de populações votadas ao prazer. Antíoco, segundo me parece, um homem circunspectíssimo, foi ouvinte de Fílon, e começou a abrir as portas aos inimigos já vencidos e reivindicar a autoridade de Platão para a Academia e suas leis. Se bem que, antes dele, Metrodorus tentara fazer o mesmo, o qual se diz ter sido o primeiro a confessar que os acadêmicos defenderam a ideia de que nada se pode compreender, não por mero gosto, mas haviam lançado mão dessas armas por necessidade contra os estoicos. Antíoco, portanto, como eu havia começado a dizer, foi ouvinte do acadêmico Fílon e do estoico Mnesarco, e foi entrando sorrateiramente na antiga academia, já um tanto vazia de defensores e segura por falta de inimigos, a título de auxiliar e um membro cidadão, inferindo a partir das cinzas dos estoicos não sei que doutrina funesta que violava a herança de Platão. Mas retomando novamente aquelas armas, Fílon lhe ofereceu resistência até a morte, e o nosso Cícero destruiu todo o restante, pois não suportava que aquilo que ele amava fosse debilitado ou contaminado enquanto vivesse. Então, passada essa época, não muito tempo depois, toda essa pertinácia e obstinação foi superada, aquelas palavras de Platão, homem puríssimo e lucidíssimo, tendo se esvaído as névoas do erro, brilharam sobretudo em Plotino, um filósofo platônico que é considerado tão semelhante a Platão como se fosse seu coetâneo. Todavia, o intervalo de tempo entre os dois é tamanho que pode-se quase julgar que aquele teria revivido neste.

O que confere pelo menos razão de autoridade à sabedoria (19,42-20,43)

Que filósofos têm aparecido e o que têm ensinado

19.42 Hoje quase não vemos mais nenhum filósofo, a não ser os cínicos, os peripatéticos ou os platônicos. E os cínicos, apenas porque lhes agrada muito certa liberdade e permissividade na vida. Mas no que respeita à erudição e à doutrina, e também aos costumes através dos quais se orienta a alma, não faltaram homens agudíssimos e muito clarividentes, que ensinaram que nos debates sobre suas doutrinas, Aristóteles e Platão foram de tal modo concordes nos seus ensinamentos que, para os que carecem de experiência e aos distraídos, parece antes haver discordância entre os mesmos. Mas, depois de muitos séculos e de muitas contendas, parece ter sido depurada, na minha opinião, uma disciplina veríssima da filosofia. Essa, porém, não é a filosofia deste mundo, que nossas sagradas letras desdenham meritoriamente, mas é uma filosofia de outro mundo inteligível. Essa razão subtilíssima jamais teria recuperado as almas, cegadas pelas trevas multiformes dos erros, encobertas da sordidez profunda das coisas corpóreas, a não ser que o sumo Deus, por certa clemência para com seu povo, não houvesse rebaixado e submetido à autoridade do intelecto divino até o nível do próprio corpo humano. E não só estimulada através dos preceitos, mas também dos feitos, a alma pudesse retornar em si mesma, e recobrar a noção da pátria, mesmo sem lançar mão de discussões e debates.

Qual é a experiência de Agostinho sobre a autoridade dos sábios e de Cristo

20.43 É isso, portanto, aquilo de que por enquanto me convenci, com probabilidade e segundo minhas forças, sobre os acadêmicos. Todavia, não me importo se isso é falso, pois para mim já é suficiente não julgar que o homem não pode encontrar a verdade. Se há alguém que julga que os acadêmicos eram dessa opinião, que ouça então a Cícero. Ele afirma que *seu costume era de ocultar o que realmente pensavam, que não costumavam revelar a mesma a ninguém a não ser àqueles que caminhavam com eles até a velhice* (CÍCERO. *Varro.* Fragm. 35 t.A). Mas só Deus sabe que doutrina era essa. Eu, porém, julgo que se tratava da doutrina de Platão. Mas para que compreendais brevemente todo meu propósito, qualquer que seja o modo de ser da sabedoria humana, percebo que ainda não a conheço. Todavia, tendo eu alcançado a idade de trinta e três anos, nem por isso julgo dever desesperar de um dia, no futuro, poder alcançá-la. Isso porque, uma vez tendo desprezado todas as outras coisas que os mortais julgam ser boas, eu me propus dedicar-me a investigar a verdade. E a partir do momento em que as razões dos acadêmicos começaram a me dissuadir fortemente dessa minha ocupação, muni-me suficientemente contra eles, segundo julgo, com essa reflexão. Não há dúvidas de que são dois os fatores que nos impelem ao aprendizado, a saber, a força da autoridade e a força da razão. Para mim, portanto, é coisa sumamente certa que jamais devo me afastar da autoridade de Cristo, pois não encontro nenhuma que seja mais eficaz. Mas esta deve ser perseguida usando de uma razão subtilíssima. Assim, já estou plenamente disposto e desejo impacientemente compreender o que seja o verdadeiro, não só através da fé, mas também do intelecto. Nesse ínterim, confio poder encontrar junto aos platônicos um ensinamento que de modo algum destoa de nossas Escrituras Sagradas.

Que tipo de apêndice se apresenta (20,44-45)
Alípio submete-se a Agostinho, louvando-o

20.44 Nesse ponto, ao perceberem que eu terminara meu discurso, sendo já noite, e parte das anotações havia sido feita com a lanterna acesa, aqueles jovens atentavam com muita atenção para ver se Alípio respondia alguma coisa ou se prometia responder talvez no dia seguinte. Então Alípio tomou a palavra e disse: Sinto-me à vontade para afirmar que nunca jamais tirei tanto proveito de uma discussão quanto desta de hoje, da qual me retiro vencido. Também não julgo que essa alegria deva ser apenas minha. Partilho-a, portanto, convosco, meus companheiros e nossos juízes. Creio que talvez os próprios acadêmicos desejariam ser vencidos desse modo por sua posteridade. O que poderia ser-nos apresentado ou exposto de mais agradável e gracioso do que esse diálogo, de mais ponderado pela gravidade das sentenças, mais generoso em benevolência, mais experiente na doutrina? Ademais, sei que não alcanço admirar como convém e merece que temas tão ásperos tenham sido tradados com tanta fineza, temas cuja solução provoca desespero tenham sido tratados de forma tão vigorosa, convicções bem-formadas serem tratadas com tanta moderação e temas obscuros tenham sido tratados com tanta lucidez. Por isso, meus companheiros, buscai converter vossa expectativa – com a qual me provocáveis a responder àquele discurso – em esperança segura de juntos buscarmos instruir-nos. Temos um mestre que, com a ajuda de Deus, nos conduz aos arcanos da própria verdade.

Os ouvintes desejam ouvir mais

20.45 Aqui, com um certo esforço pueril, aqueles outros denunciaram em seu rosto estar como que decepcionados pelo fato de Alípio não responder, e eu disse: Por acaso estais com inveja dos elogios que recebi? Mas visto que, já tendo certeza sobre a fidelidade de Alípio, não o temo; e a fim de que também vós mostreis vossa gratidão para comigo, quero vos exortar contra ele, que feriu vossas grandes expectativas. *Lede os acadêmicos*, e quando encontrardes ali descritas – e o que haveria de mais fácil de se encontrar ali? – as vitórias de Cícero sobre essas ninharias, obriguei então a Alípio a defender esse nosso sermão contra aqueles raciocínios invencíveis de Cícero. Esse é, pois, oh Alípio, o duro agradecimento que te restituo em troca de teus falsos elogios. E, a esta altura, como todos rissem, colocamos um fim a tantos debates, não sei se com a necessária firmeza, mas em todo caso mais depressa do que esperávamos.

CULTURAL

Administração
Antropologia
Biografias
Comunicação
Dinâmicas e Jogos
Ecologia e Meio Ambiente
Educação e Pedagogia
Filosofia
História
Letras e Literatura
Obras de referência
Política
Psicologia
Saúde e Nutrição
Serviço Social e Trabalho
Sociologia

CATEQUÉTICO PASTORAL

Catequese
Geral
Crisma
Primeira Eucaristia

Pastoral
Geral
Sacramental
Familiar
Social
Ensino Religioso Escolar

TEOLÓGICO ESPIRITUAL

Biografias
Devocionários
Espiritualidade e Mística
Espiritualidade Mariana
Franciscanismo
Autoconhecimento
Liturgia
Obras de referência
Sagrada Escritura e Livros Apócrifos

Teologia
Bíblica
Histórica
Prática
Sistemática

VOZES NOBILIS

Uma linha editorial especial, com importantes autores, alto valor agregado e qualidade superior.

REVISTAS

Concilium
Estudos Bíblicos
Grande Sinal
REB (Revista Eclesiástica Brasileira)
SEDOC (Serviço de Documentação)

VOZES DE BOLSO

Obras clássicas de Ciências Humanas em formato de bolso.

PRODUTOS SAZONAIS

Folhinha do Sagrado Coração de Jesus
Calendário de Mesa do Sagrado Coração de Jesus
Agenda do Sagrado Coração de Jesus
Almanaque Santo Antônio
Agendinha
Diário Vozes
Meditações para o dia a dia
Guia Litúrgico

CADASTRE-SE
www.vozes.com.br

EDITORA VOZES LTDA.
Rua Frei Luís, 100 – Centro – Cep 25689-900 – Petrópolis, RJ
Tel.: (24) 2233-9000 – Fax: (24) 2231-4676 – E-mail: vendas@vozes.com.br

UNIDADES NO BRASIL: Belo Horizonte, MG – Brasília, DF – Campinas, SP – Cuiabá, MT
Curitiba, PR – Florianópolis, SC – Fortaleza, CE – Goiânia, GO – Juiz de Fora, MG
Manaus, AM – Petrópolis, RJ – Porto Alegre, RS – Recife, PE – Rio de Janeiro, RJ
Salvador, BA – São Paulo, SP